JN035480

まんがでわかる

ランチェスター理論を
経営・営業に活かす方法

差別化戦略で
小が大に勝てる

経営コンサルタント
坂上 仁志 著
ひげ羽扇 作画

はじめに

この本は、次のような方々に向けて書きました。

❶99%の「弱者」の方
❷部下をもつリーダーの方
❸売上20億までの社長の方

その方たちの課題は、次の3つです。

□**理念がハッキリしないので、人がついてこない**
□**戦略がないので、いきあたりばったり**
□**徹底力がないので、どれも中途半端**

この本では、この3つの課題を解決するヒントを、「**小が大に勝つ方法**」「**弱者が強者に勝つ方法**」としてお伝えします。

具体的には次の3つ、**①理念、②戦略、③実行力（徹底力）**に分解して、まんがも用いてわかりやすく解説します。

世の中の99％の人は、「弱者」です。

本当の「強者」というのは、0・1％もいないかもしれません。

しかし、世の中にある大半の本は、強者向けのモノばかりで、弱者には役に立ちません。MBAとか格好はいいのですが、それは超大企業向けです。

そうではなく、われわれは**弱者の戦略**を学ぶ必要があります。なぜならば、弱者の戦略と強者の戦略は180度違う、まったく逆だからです。

でも、そんなに難しいものではありません。勝ち方には原理原則、つまりルールがあるのです。

このルールを学べば、より早く、よりカンタンに、成果を出すことができます。

弱者が強者に勝つルールである、**ランチェスター戦略**をベースに本書は構成しています。ランチェスター戦略とは、企業間の営業・販売競争に勝ち残るための、理論と実務の体系です。

「あなたがランチェスターを学ばなければ、ほかの誰かが学んでしまう。その人と戦ったら、あなたは負ける」――

私がたくさんの経営者を見てわかったことは、自己流でやる人と一流から学ぶ人とでは、大きな差が出てしまうということ。

だから、あなたも素直に学んでみてください。

ソフトバンクもアサヒビールもＨＩＳもソニーもそのルール、ランチェスターを学んで成果を出してきました。

「経営は戦略がなければやっていけない、理念がなければやる資格がない、そして、実践しなければ何も生まれない」――

だからこそ、**①理念、②戦略、③実行力（徹底力）**について学ぶ必要があります。

１つでも、あなたの仕事、そして人生に役立つヒントがお伝えできれば幸いです。

では、始めましょう！　小が大に勝つ方法です。

ランチェスター理論を経営・営業に活かす方法 差別化戦略で小が大に勝てる 目次

第1章

差別化／一点集中を実行！　37

第4章　社長の成長が社員の成長

エピローグ

戦略・理念・習慣で勝てる企業になる！

登場人物紹介

株式会社 ユーネット

佐藤 翼（43）

父から店を継いで、ネット販売事業を始めた２代目社長。高学歴・一部上場の大会社勤務の実績をもつ利奈を見出し採用。彼女に社長補佐のポジションを与える。

竹永 利奈（32）

飛びぬけた学歴・職歴をもちながら自分のことはあまり話さないミステリアスビューティー。弱者が強者に勝つランチェスター理論に精通し、会社をNo.１に押し上げる。

バイクショップ「You!」

佐藤 翔（40）

父親が経営していた、バイクショップ「Ｙｏｕ！」を翼からまかされて店長になったが、経営はうまくいっていない様子。翼の弟。

バイク屋喜蔵

バイク用品を取り扱うユーネットの商売敵。社長、社員ともに怠惰で意識が低い。

社長

社員・山田

プロローグ

最強可憐な「メリー・ポピンズ」

A small company can beat a big one.

ランチェスター戦略――
弱者(小)が強者(大)に勝つためのルールです
竹永利奈(32)
ランチェスター戦略…?
すっ
サラサラ
つまり…こういうことなんです

商品のシェア率
50%
40%
30%
20%
10%
当社
商品のシェア率を上げるためにまずやることは
上とは戦わず足下の敵――
つまり勝ちやすい相手を徹底的に倒して
そのシェアを奪い上に行くんです
たとえばウチの商品のシェア率が30%で
足下の敵が20%だった場合
そういう戦略を立てればいいんです
なっなるほど…
バイク・アウトドア用品のネット販売「ユーネット」
社長 佐藤翼(43)
上の40%と戦うより下の20%を取り込めれば
シェア率が50%に達し
No.1になれます
50%
40%
30%+20%
10%
ランチェスター戦略とは本来――…
――父親が経営するバイク屋を引き継いで
今年で8年

バイク・バイク用品 Y

店は弟にまかせて
僕はネット販売事業を始めた

いろいろあったけど
なんとかやっている

従業員はバイトも含めて20名

そして

彼女——

……

ぬううう
東大卒
MBA取得
日本を代表する超一流会社を3度転職し
以降中小企業の経営への参画をさぐり転々とす…か
す…すごいな！
あ…あの
1-5-1
同上
na.take.rina@ma
学歴・職歴
学歴
東京大学 経済学部 経営学科卒
米ハーバードビジネススクール
職歴
2015 (株)雙菱商事 就職
2015 (株)雙菱商事 一身上
2016 野島総合研究所 就職
2016 野島総合研究所 一身上の都合に
2017 トシマ自動車 就職
せっかく就職された大企業を
短い間にお辞めになっていますがどうしてなんでしょう？
お給料や待遇も
ウチなんかとは比べ物にならないでしょう？
そこに書いてあるとおり一身上の都合ですが
何か？
にこ
あ
いえ…
社長！
はいっ
どきーっ

もし私を
雇っていただける
のであれば
お願いしたいことが
ひとつあります
私
御社の経営に
携わりたいんです！
え…
えーっと…
今回の募集は
倉庫から商品を
ピッキングする係か
梱包を担当して
くださる方を
募集したんですけど…
私は御社の経営に
携わりたいの
ですが！
ずい
わっ
わ
わかりました
では…
社長室つき秘書の
肩書きで
私の補佐をする
ということで
どうでしょう？

ス
承知しました
社長補佐ですね
60°
きっちり。
では
今後とも
よろしくお願い
申し上げます
こ
こちら
こそ
ほっ
ぱたん!!
う〜ん
まあ　いいだろう
あんな人材
ウチみたいな
小さな会社では
滅多にお目に
かかれない
掘り出しものかも
しれないし——
——…長…
…社長
はっ
ちょっと社長!
聞いてますか?
はいっ
ウチの商品で
シェア率を
上げられそうな
ものを
調べて
みたんです

するとバイクインカムの分野で

ウチの商品はシェア率第2位で　約30%を占めているんですよ

バイクインカムシェア

どん

足下の敵は

20%
バイク屋喜蔵

30%
当社

この「バイク屋喜蔵」

私　前ちょっといたことがあるんですが…

えっいたの!?

ここの社長　意識が低くて

1にゴルフ
2に麻雀♪

何も努力しない人でした

当然会社全体もそんな雰囲気が蔓延していて…

ただなんとなく長くやっているからという理由だけで会社が回っている――

そんな会社でした

汗をかくんです！
努力するんです‼
彼女の言葉は
私の心に
突き刺さった
日々
やることだけに
追われ
ガムシャラに
働いてきた
つもりだが
ある程度の
年商までいって
頭打ちになった
何をやるべき
なのか？
何をしたいのか？
漠然としていて
わからない
心にポッカリ
穴が開いた状態で
次のステージが
まったく見えなかった現状を
彼女が叩き壊して
くれる気がした
ウチの会社は
ネットで商品を
販売しています
その特性を
生かして
「バイク屋喜蔵」が
できていないことを
やりましょう！

卸売業を通さない場合
メーカー
メーカー
メーカー
小売業
小売業
小売業
卸売業を通す場合
メーカー
メーカー
メーカー
卸売業
小売業
小売業
小売業
差別化できる点はどこでしょう？
えーと
あそこもウチと同じメーカーから卸を通してる販売店だから…
この商品なら卸を通さず直接メーカーから仕入れてみることができるかもしれない
そしてネットにあげる商品説明を自前で作り込んで
ユーザーのかゆいところに手が届くようなものにしたらどうだろう？
それグッドアイデアです！社長！
ぐっ

うきうき♪
さっそく今からみんなで作戦会議ですね！
今から!?
──子どもの頃
童話の『メリー・ポピンズ』が好きだった
あんな素敵な家庭教師に
ちょっと憧れた
ウチの会社に舞い降りた
まずはメーカーに…
メリー・ポピンズのような人だった──
そして彼女はまさに

小が大に勝つランチェスター戦略

「ランチェスター戦略って、何なの？」

「小が大に勝つ法則です！」

「つまり、中小企業が大企業に勝つ法則ってこと？」

「そうです」

「へェ～。そんなことができる法則があったんだ……？」

「何だか気のない反応ですね。たしかにランチェスターは、この法則を考えついた英国人の名にちなんでいますし、戦争から導き出された法則で、何かいかつい感じですが、すごい法則なんですよ！」

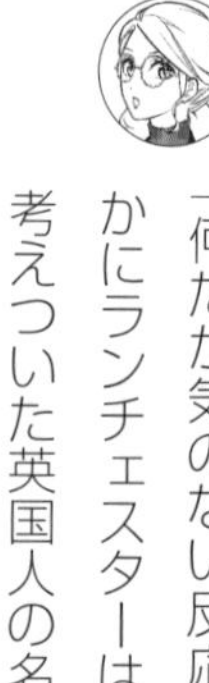

「そうなんだね。聞きたい！　教えてよ！」

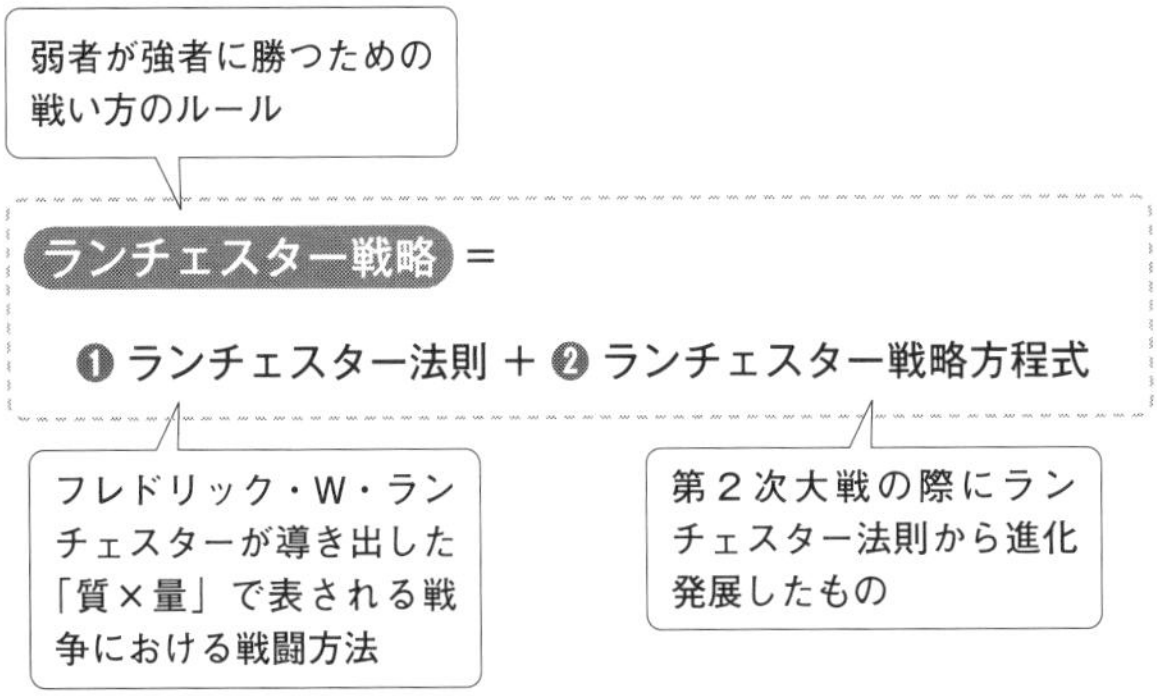

☑ ランチェスター戦略とは、競争に勝つためのルール

ランチェスター戦略とは、ひと言でいうと、弱者が強者に勝つための戦い方のルールです。弱者が生き残る方法ともいえます。

ランチェスター戦略は、**❶ランチェスター法則**と、**❷ランチェスター戦略方程式**の2つの考え方から、故田岡信夫（たおかのぶお）氏が体系化した、経営活動における販売戦略・競争戦略です。

ランチェスター戦略のもとになったランチェスター法則とは、1868年ロンドン生まれのエンジニア、フレドリック・W・ランチェスターが、第1次世界大戦のときに導き

弱者が強者に勝つための戦い方のルール

ランチェスター戦略 ＝

❶ ランチェスター法則 ＋ ❷ ランチェスター戦略方程式

フレドリック・W・ランチェスターが導き出した「質×量」で表される戦争における戦闘方法

第２次大戦の際にランチェスター法則から進化発展したもの

▲戦争戦略を経営活動における戦略に発展させたものがランチェスター戦略。

出した戦い方の法則です。そこでの**戦闘力**は、「**兵力の質と量の積**」で表されます。それが、第2次世界大戦の際に、ランチェスター戦略方程式として進化発展しました。

つまり、ランチェスター戦略とは、**戦争における戦い方の法則をビジネスに応用したもの**です。市場原理にもとづいた競争で、企業がどう戦っていけばよいのかを示す、戦い方のルールです。

人の生き死にがかかった戦争理論からできていますので、触れれば手が切れるような、実践的な成果の出る本物の戦略です。

将棋や囲碁に「勝つための定石」があるように、経営にも、目に見えない勝つための法則、原理原則があるのです。

☑ランチェスター第1法則は、弱者の戦略

ランチェスター法則は、とてもシンプルです。たった2つの項目（**質と量**）と、たった

2つの法則（**第1法則と第2法則**）でできています。

そして、この第1法則と第2法則は、まったく逆の状況を仮定しています。

ランチェスター第1法則は、**局地戦、接近戦、一騎打ち（1対1の戦い）の場合**に当てはまる戦闘力の法則です。

互いに刀を持って戦うような、局地で接近して一騎打ちをする場合は、**戦闘力＝武器効率（質）×兵力数（量）**となります。

下図のようにA軍（5名）とB軍（3名）が戦った場合、互いに武器効率（質）

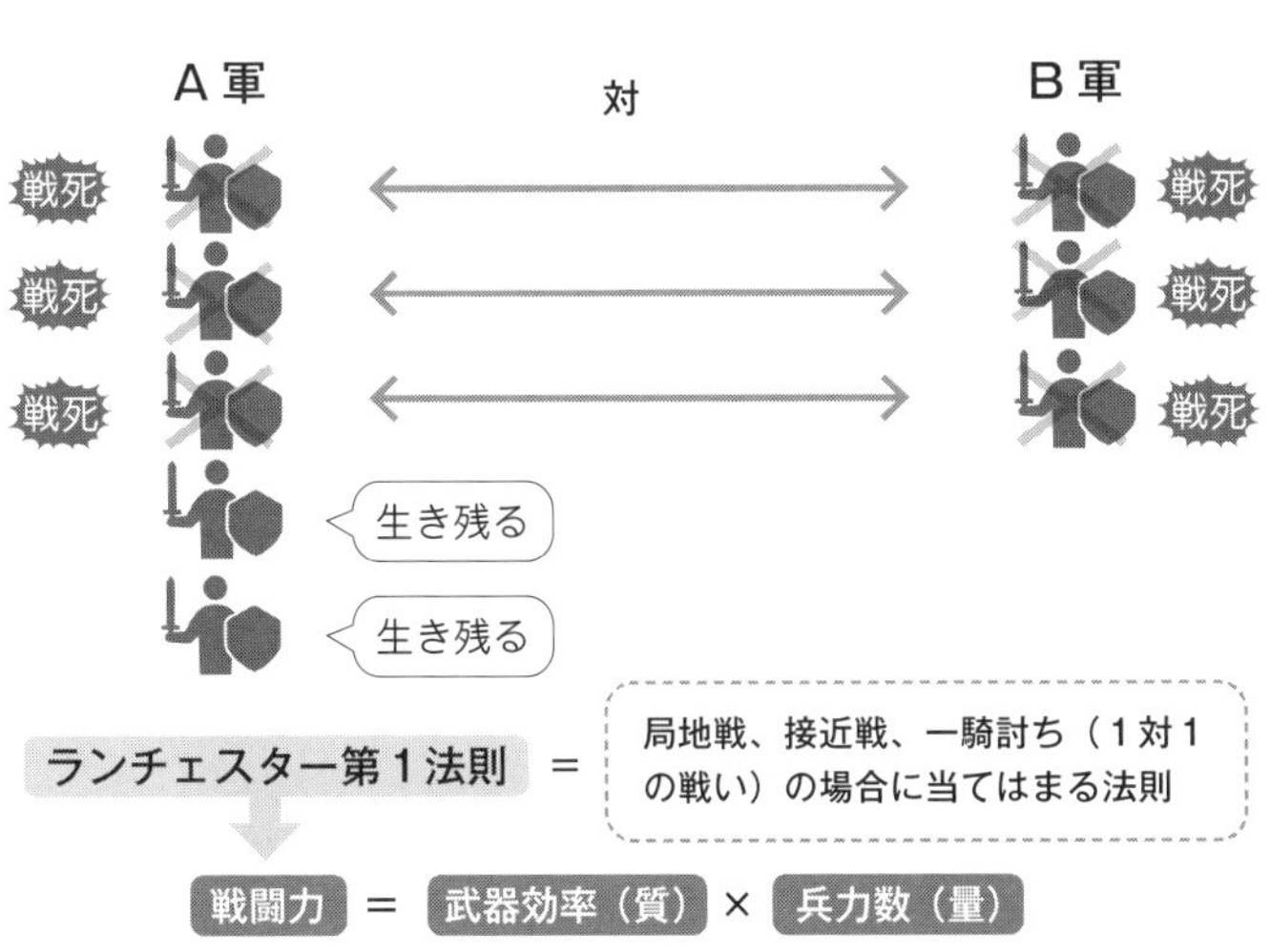

▲狭い峡谷のような場所での一騎打ちの場合、武器効率が同じならば兵力数の多いほうが有利だが、武器効率を上げれば、数の少ない側にも勝ち目はある。

が同じなら、戦闘力は兵力数（量）に比例するので、A軍（5名）が5－3＝2名を残して勝ちます。結論として、兵力数が多いほうが勝つことになります。

しかし、武器効率（質）を相手よりも上げて、戦闘力をアップすれば、兵力数（量）が少ないほうにも勝ち目が出てきます。

☑ランチェスター第2法則は、強者の戦略

一方、ランチェスター第2法則は、**広域戦、遠隔戦、確率戦（集団対集団の戦い）の場合**に当てはまる戦闘力の法則です。

つまり、互いにマシンガンやミサイルをもって戦うような、広域で、遠隔地で、多人数どうしで戦う場合では、**戦闘力＝武器効率（質）×兵力数（量）の2乗**となります。

先ほどと同じA軍（5名）・B軍（3名）で、マシンガンの武器効率（質）が同じなら、戦闘力は兵力数（量）の2乗に比例するのでA軍（5名）が5－1＝4名を残して勝ちま

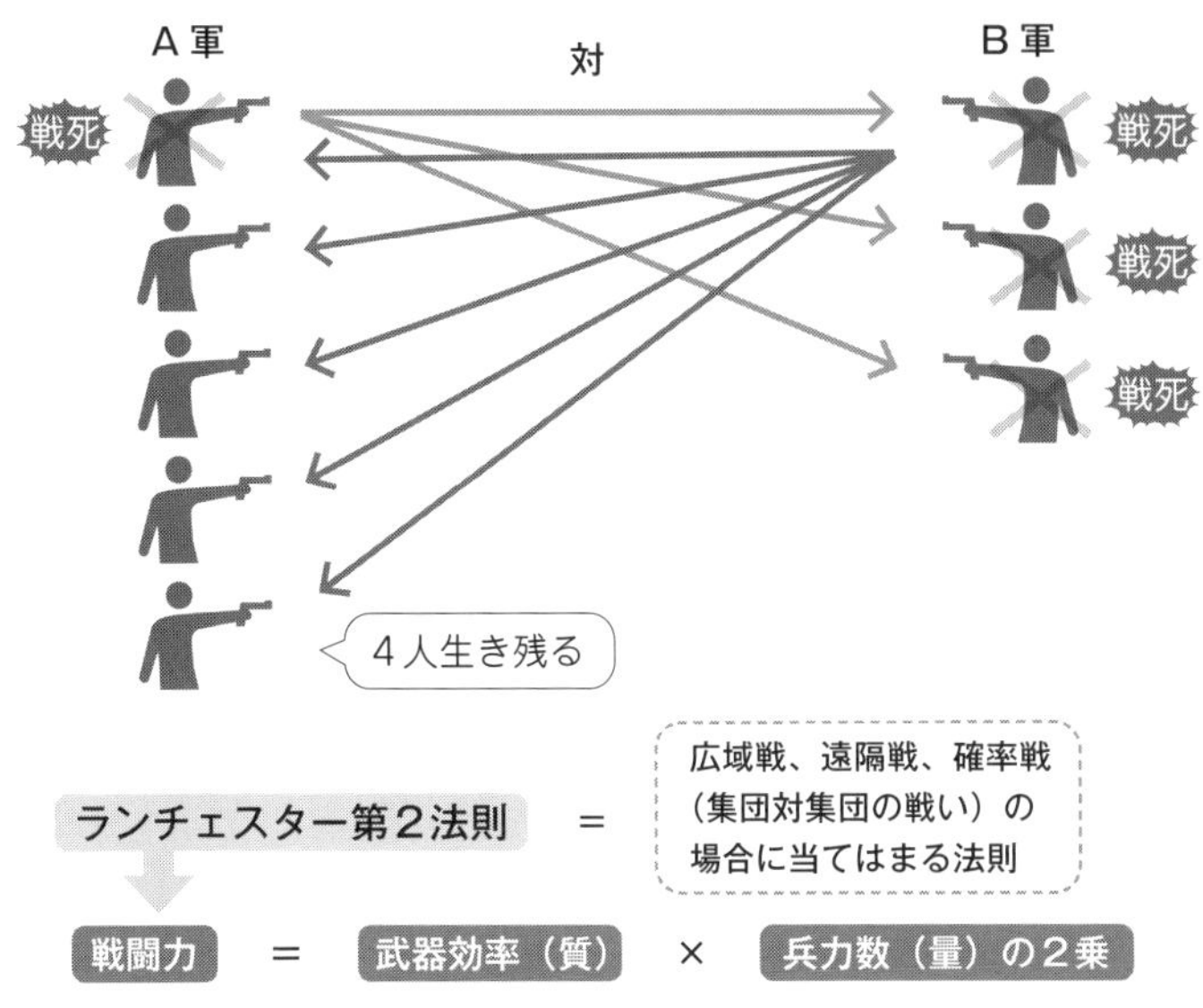

▲広域での集団対集団の戦いでは、兵力数の影響が２乗され、数の多いほうが圧倒的に有利になる。

す。計算式は上図を参照ください。

ここでも結論として兵力数が多いほうが勝つ、それも数が多いほうが圧倒的に勝つことになります。

つまり、数が少ないほうは、ランチェスター第2法則が適用される、広域戦、遠隔戦、確率戦（集団対集団の戦い）では戦ってはならないのです。

なぜなら、もし戦えば、コテンパンにやられてしまうからです。

☑ランチェスター法則に学ぶ！　3つの戦い方のセオリー

ここまでお話しした、ランチェスター第1法則、第2法則からわかることは、これです。

❶数の多いほうが常に有利、数の少ない方は常に不利、勝負は力関係で決まる。

❷数が少ないほうは、第1法則に従った戦い方をするべき。

❸数の多いほうは、第2法則に従った戦い方をするべき。

ランチェスター第1法則は、局地戦、接近戦、一騎打ちの場合、つまり、**狭い、近い、1対1の戦い**に当てはまり、弱者の戦い方です。

	A軍	B軍
兵力数		
戦い方のルール	第2法則 （集団対集団の戦い）	第1法則 （1対1の戦い）
戦う場所 戦い方 （適用される状況）	広域戦 遠隔戦 確率戦 （マシンガン）	局地戦 接近戦 一騎打ち （刀）

セオリー❶	戦いは常に数が多い方が有利
セオリー❷	数が少ない方は第1法則に従った戦い方をする
セオリー❸	数が多い方は第2法則に従った戦い方をする

ランチェスター第2法則は、広域戦、遠隔戦、確率戦の場合、つまり、**広い、遠い、集団対集団の戦い**に当てはまり、強者の戦い方です。

ここで大切なことは、ランチェスター第2法則が適用される広域戦、遠隔戦、確率戦の場合は、**兵力数が2乗になる**ため、**数の多いほうが圧倒的に有利**になってしまうので、弱者は第2法則で戦ってはならない、第1法則で戦う、ということです。

3m四方の狭いところで刀で戦う場合は、ランチェスター第1法則で戦う。300m四方の広いところで戦う場合は、ランチェスター第2法則で戦う。——そう覚えておいてください。

☑ 大企業＝強者、小さい会社＝弱者というわけではない

《弱者と強者の定義》

一般社会では、大きな会社を強者、小さな会社を弱者と呼びます。しかし、ランチェス

ター戦略での考え方は違います。

ランチェスター戦略では、

強者とは、競合局面において勝っている市場占有率1位の企業

弱者とは、競合局面において負けている市場占有率1位以外のすべての企業

これが強者と弱者の定義です。

つまり、**競合局面**における**市場占有率（シェア）**がポイントとなります。

ここでいう競合局面とは、①**地域**、②**顧客**、③**商品**、④**流通**などです。

つまり、①**どこの**、②**誰に**、③**何を**、④**どう**、という切り口です。これが重要です。

たとえば、

①地域なら、駅前のラーメン屋でシェア1位

②顧客なら、50代の男性向けでシェア1位

③商品なら、ニュージーランドのワインでシェア1位

④流通なら、アパレル向け販売チャネルでシェア1位

といったように競合局面でシェアNo.1を取ればいいのです。

企業規模の大小ではないのです。小さな会社ならすべて弱者！　ではないのです。

小さくても日本一の強者の会社もあれば、上場している大企業でも弱者の場合があるのです。

ですから、弱者（多くの場合、中小企業）は企業規模を大きくすることを考えるより、①どこの、②誰に、③何を、④どう、という競合局面でのシェア1位をまず目指すべきです。

「大きくなるより、シェア1位を目指して強者になる」と、考え方を変えてください。

弱者はとにかく、**競合局面で1位を目指す**ことです。

たとえば、ある地域のシェアだけで見れば、小さな会社が1位（強者）で、大企業が2位（弱者）の場合もあります。

ビール単品で考えれば、「アサヒスーパードライ」がNo.1ですが、北海道に行けば「サッポロビール」がNo.1で、沖縄に行けば「オリオンビール」がNo.1です。

企業規模の大小だけが重要ではない。ここが、ランチェスター戦略が中小企業に勇気を与えてくれるところです。

強者 とは、競合局面において市場独占率１位の企業

弱者 とは、競合局面において市場独占率１位以外の企業

競合局面とは、①地域（どこの）、②顧客（誰に）、③商品（何を）、④流通（どう）という視点

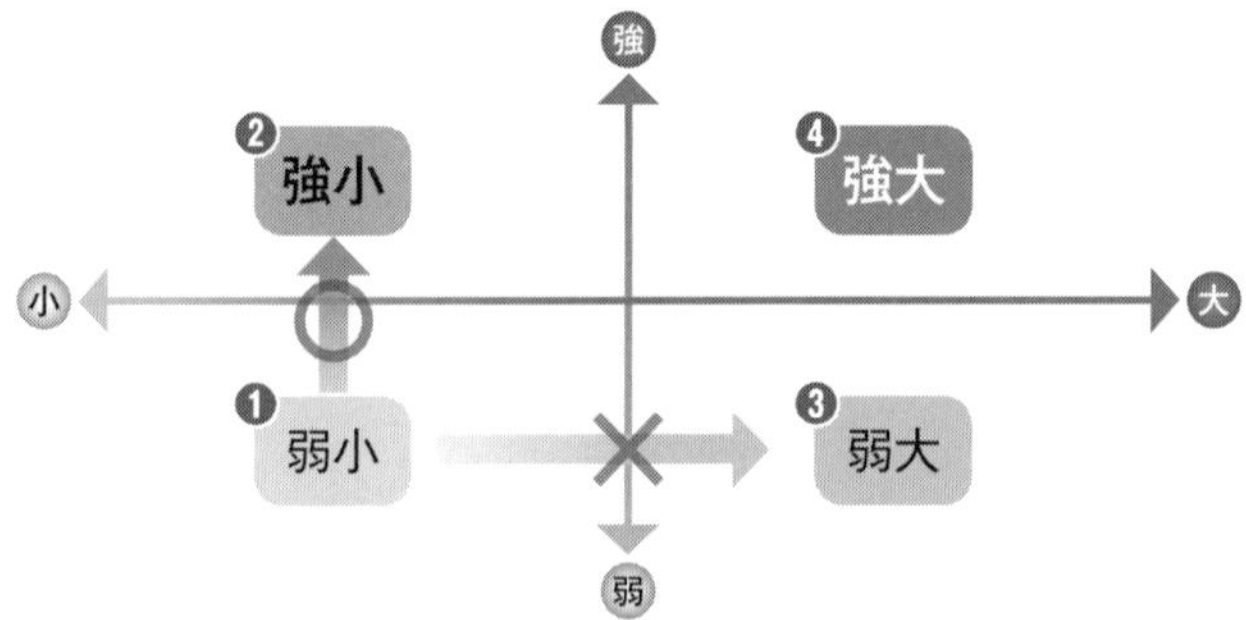

▲小さくても No.1 の企業を目指すことが大切である。弱者でも No.1 を目指せる。

《弱小から強小へ》

縦軸に強弱、横軸に大小のマトリックスを作ったとき、❶弱小から❸弱大へと向かうのは間違いです。

中小企業は弱いのに大きくなろうとしがちです。

そうではなく、**❶弱小から❷強小へ**、つまり、小さくてもNo.1を目指すことが大切です。

大きくなるのではなく、強くなる。

競合局面「1位を目指す」ことです。

これこそがランチェスター戦略。

小さなNo.1を積み重ねて、そののち❹強大を目指すのが正解です。

☑ 弱者と強者では戦い方がまったく違う！弱者と強者の5大戦法をチェック

もう1度おさらいをすると、ランチェスターの2つの法則は、次のようになっています。

❶ランチェスター第1法則……戦闘力＝武器効率×兵力数

❷ランチェスター第2法則……戦闘力＝武器効率×兵力数の2乗

ここからいえることは、兵力数の少ない弱者は、第1法則で戦うと損害量が少なくてすみ、自軍に有利に戦いを進められるということです。1対1で戦う状況に持ち込めば、弱者も強者と戦えるのです。個別撃破することです。

また、兵力数の多い強者は、逆に第2法則で戦うことで、2乗作用を使って相手の損害量を多くできます。

つまり、**弱者は第1法則で戦い、強者は第2法則で戦う**ことです。だから、弱者の戦略と強者の戦略はまったく違う、まったく逆といえます。

戦い方が180度違うのですから、弱者が強者の戦い方をしたら、目も当てられません。

しかし、多くの企業がここで間違いを犯します。

では、自分の会社で具体的にはどうすればいいのか？　というと、それぞれの基本戦略はこれです。

❶弱者の基本戦略は、「差別化」戦略＝強者とは違う差別化した戦略を取ること。

❷強者の基本戦略は、「ミート」戦略＝弱者の戦略に合わせて同じことをすること。そして、資源を分散しないで集中すること。

	弱者の基本戦略（差別化）第１法則	強者の基本戦略（ミート作戦）第２法則
①市場・地域視点	局地戦	広域戦
②顧客視点	接近戦	遠隔戦
③総合視点	一騎討ち	確率戦
④主義の視点	一点集中	総合戦
⑤作戦の立て方	陽動戦	誘導戦

差別化戦略

弱者の基本戦略：強者とは違う戦略を取ること

ミート戦略

強者の基本戦略：弱者の戦略に合わせて同じことをすること

この基本戦略をベースとして、さらに次のような、弱者の5つの戦略と強者の5つの戦略があります。

❶弱者は、①局地戦、②接近戦、③一騎討ち、④一点集中、⑤陽動戦（フェイク・ゲリラ）を取ります。

❷強者は、①広域戦、②遠隔戦、③確率戦、④物量戦（総合戦）、⑤誘導戦を取るということです。

COLUMN 01

ランチェスター戦略を知っているかどうかが企業の生死を分ける

「万有引力の法則」が目に見えないように、ランチェスター戦略も目に見えません。

しかし、ビジネスの世界では、あなたが好むと好まざるとにかかわらず、ランチェスター戦略があなたを支配しています。ちょうど万有引力の法則があなたを支配しているのと同じです。

ビジネスをしていれば、結果として必ず、1位の企業とそれ以外の企業が出てきます。1位でなければ意味がないのか？　そうではありません。それぞれの企業に意味はあります。しかし**1位以外は生き残れない**のです。

日本電産の永守重信（ながもりしげのぶ）社長は「1位以外はビリと一緒」、リクルートの江副浩正（えぞえひろまさ）元会長は「1位以外は死を意味する」といいました。

ビジネス社会では、競争をせざるをえない。そのときに、弱者でも強者に勝つ競争戦略＝ランチェスター戦略を知っているかどうかが、企業の生死を分けるのです。

戦い方のコツを、ぜひランチェスター戦略から学んでください。

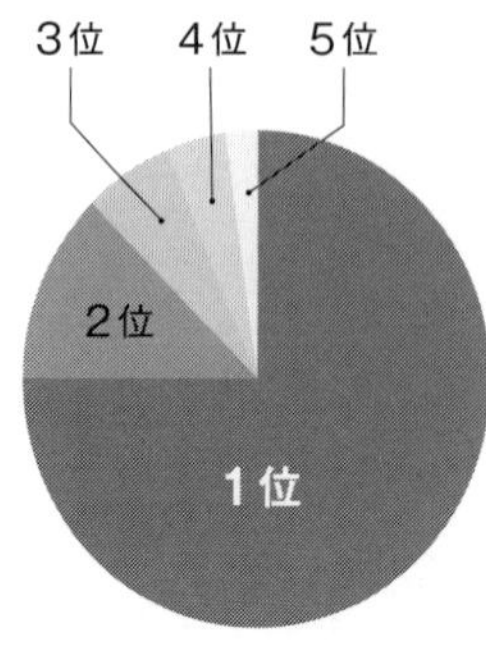

▲往々にして、1位の企業が市場占有率の大半を占めてしまうので、2位以下は生き残れない。

第1章

差別化／一点集中を実行！

A small company can beat a big one.

バイク屋
喜蔵
SALE
SALE
30%OFF
コンコン
ガチャ
失礼します
カッ

コロコロ!!

ボテッ

すみません
なかなか手が
空かなくて

いつもどおり
なんですが
ネット販売の
5カ月前の
売上データです

ん

バサッ!!

ご苦労

その
同じ頃

ユーネット
社員一同は
汗を
流していた
ウィーン
カチ
コチ
メーカーとの
直接取引の
契約…
はあ
まとまりましたね！
社長！
緊張
した〜〜っ
ああ！
グッ！
カシャン
カシャ

カシャッ
カシャッ
ヘルメット交換します
HP(ホームページ)用商品紹介にプロカメラマンの撮り下ろし写真を投入——
ユーザーの知りたい情報が伝わってかゆいところに手が届くものになりますね
ああ
このスタジオ写真だけじゃなく
モデルの方に 実際に装着してツーリングしてもらった感想や写真
丁寧に練り込んだテキストもあわせて記事にするよ
だからImazonのような定型画面でしかアピールできない通販サイトでは
この作戦は取れないけど
楽市などそのほかのサイトではばっちり有効さ！
imazon
Rakuichi

はい
それが
選択と集中
売れそうな商品を
選び出して
そこに思いっきり
手間をかける――
一点集中です
そこで 値段や
キメの細かい
マニュアル記事で
差別化をはかる…
まさに
ランチェスター戦略の
実践です！
最安値！
使用感レビュー
ふふ…
まだまだ
それだけじゃ
ないよ！
す
わぁ～
これを商品に
同梱するんですね！
うん
バイク用品の
ユーネット
ありがとう
ござい
びはユーネ
りがとうご
今回ご縁を
心より感謝申し
たのご利用を
お待ちしており
社長 佐藤翼

行きつけのスナックのママさんから
イベントの知らせとか今日は何の日だとか
手書きの葉書でしょっちゅういただいていたからね…
それをヒントに…
まあ！
感謝
でも　こうしたちょっとした心づかいが親しみを呼んで
通販サイトのレビューの高評価につながりますね

ごくりー…

★☆(125件)
カチッ

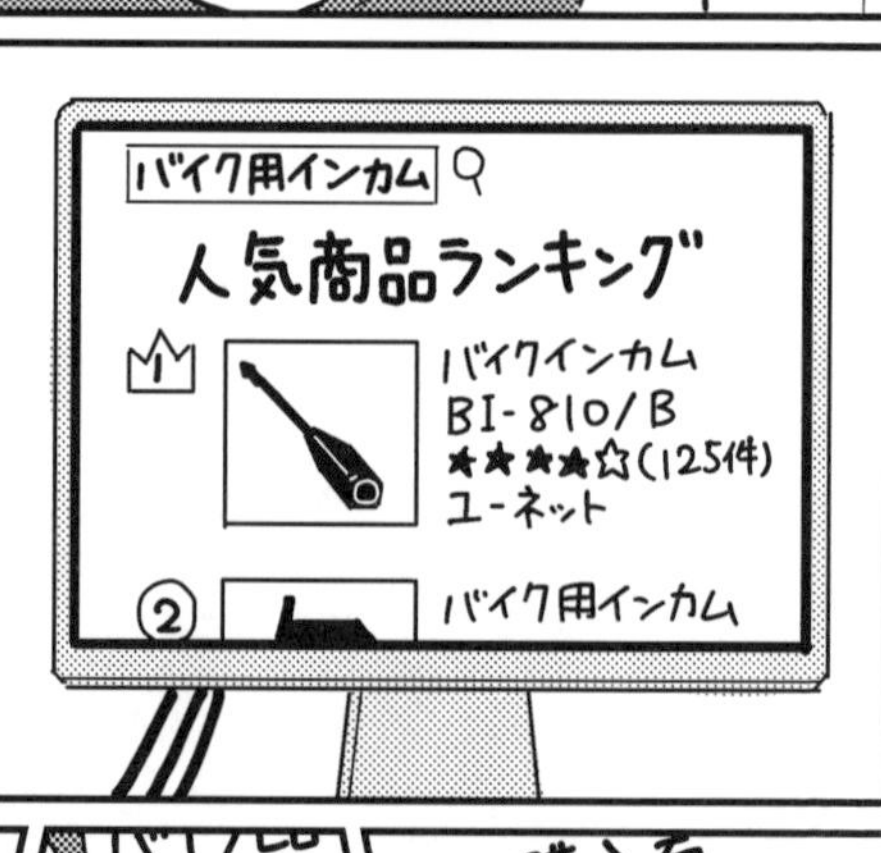
バイク用インカム
人気商品ランキング
1
バイクインカム
BI-810/B
★★★★☆(125件)
ユーネット
②
バイク用インカム

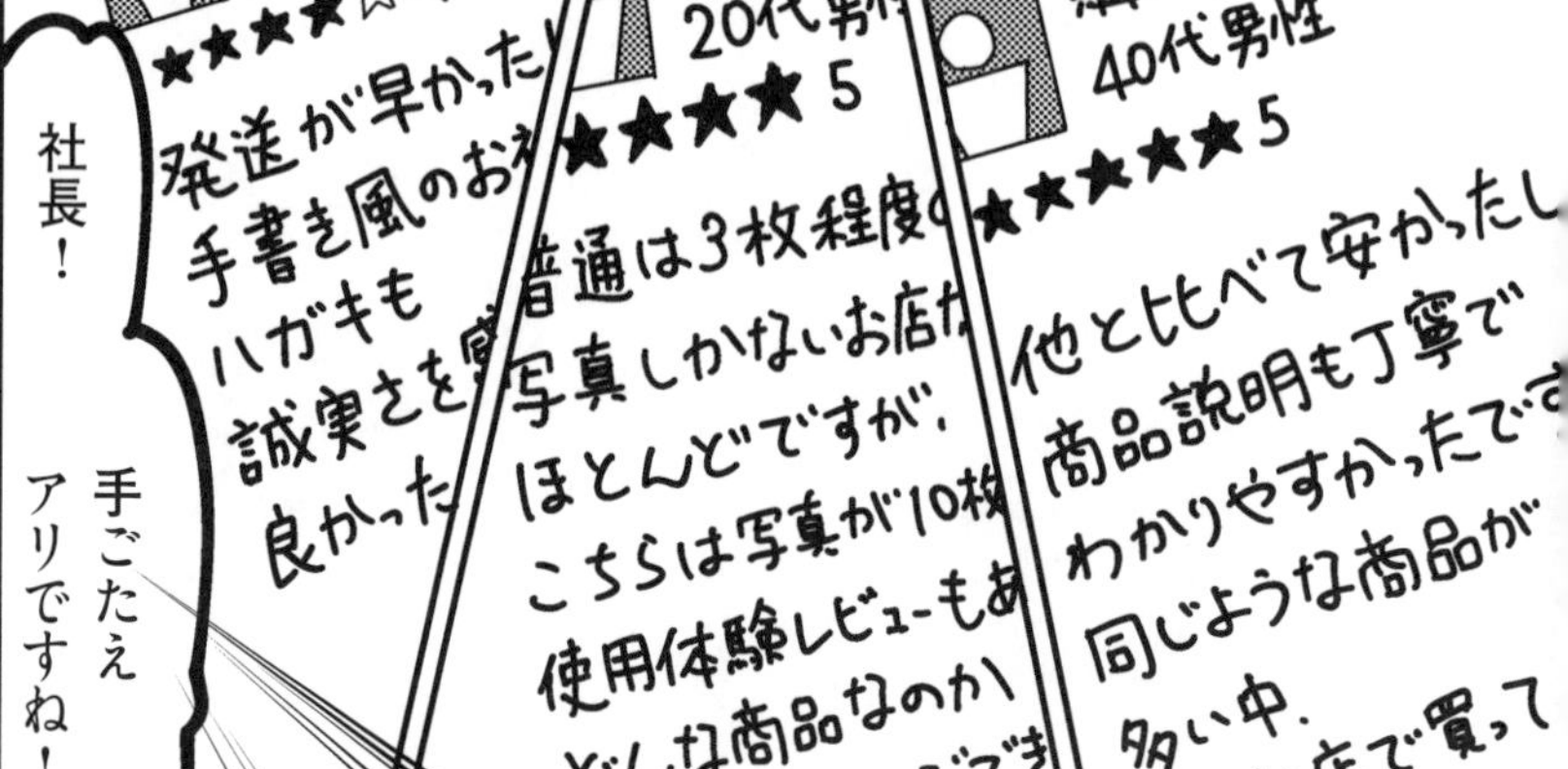
社長!
手ごたえアリですね!
★★★★☆4
発送が早かったし
手書き風のお
ハガキも
誠実さを
良かった
20代男性
★★★★5
普通は3枚程度の
写真しかないお店が
ほとんどですが、
こちらは写真が10枚
使用体験レビューもあ
どんな商品なのか
具体的にイメージでき
購入の決め手に
なりました!
購入者
40代男性
★★★★★5
他と比べて安かったし
商品説明も丁寧で
わかりやすかったです
同じような商品が
多い中、
このお店で買って
満足です。

先月の3位から1位になっています
ワーッ♪
注文数も激上げですしこのぶんだとメーカーに追加発注ですよ！
おお！
商品シェアも相当いくんじゃないか？
「バイク屋喜蔵」のランキングは？
どきどき
先月まではウチのすぐ下にいましたけどもう圏外です
売上指標を見ると
先月ウチより上位だった店の売り上げは
信用が定着してかあまり変化はありません
しかしウチがこの商品を特化商品にして手間を注入したあとは
「バイク屋喜蔵」以下の店からだいぶウチに客が流れてますね
カンドウ…。
じぃん…
——社長

社長は
とても素直に
いろんなアイデアを
出して　すぐ実行できる
とても素晴らしい
経営者です！
いや
君の助言に
背中を
押されたんだよ
今までは
目先のことばかりで
何の戦略も
なかったんだから
──私
ここに来る前
いろんな
中小企業で
身につけた
ランチェスター戦略
の実践をしてみた
かったんです
だけど
どこの社長も
独善的で
私のような
経験もない人間に
経営の一端を
担わせてくれる
はずもなく…
でも
やっと

この会社に
出会えました
てれ。
そりゃあ
僕も最初は
戸惑ったけど
それ以上に…
自分自身にとっての
きっかけが
ほしかったんだよ
──私はここで
こうするために
今日まで
生きてきたんだと
思います
私の尊敬する
祖父は

「経営とは社員のため」
「社会のために貢献するものなんだ」
と常々言ってます

私もその言葉の意味をこれからもっと実体験してみたいなと——
え？
君のおじいさんも経営者なの？
はっ！

…どこかで聞いたようなフレーズだな

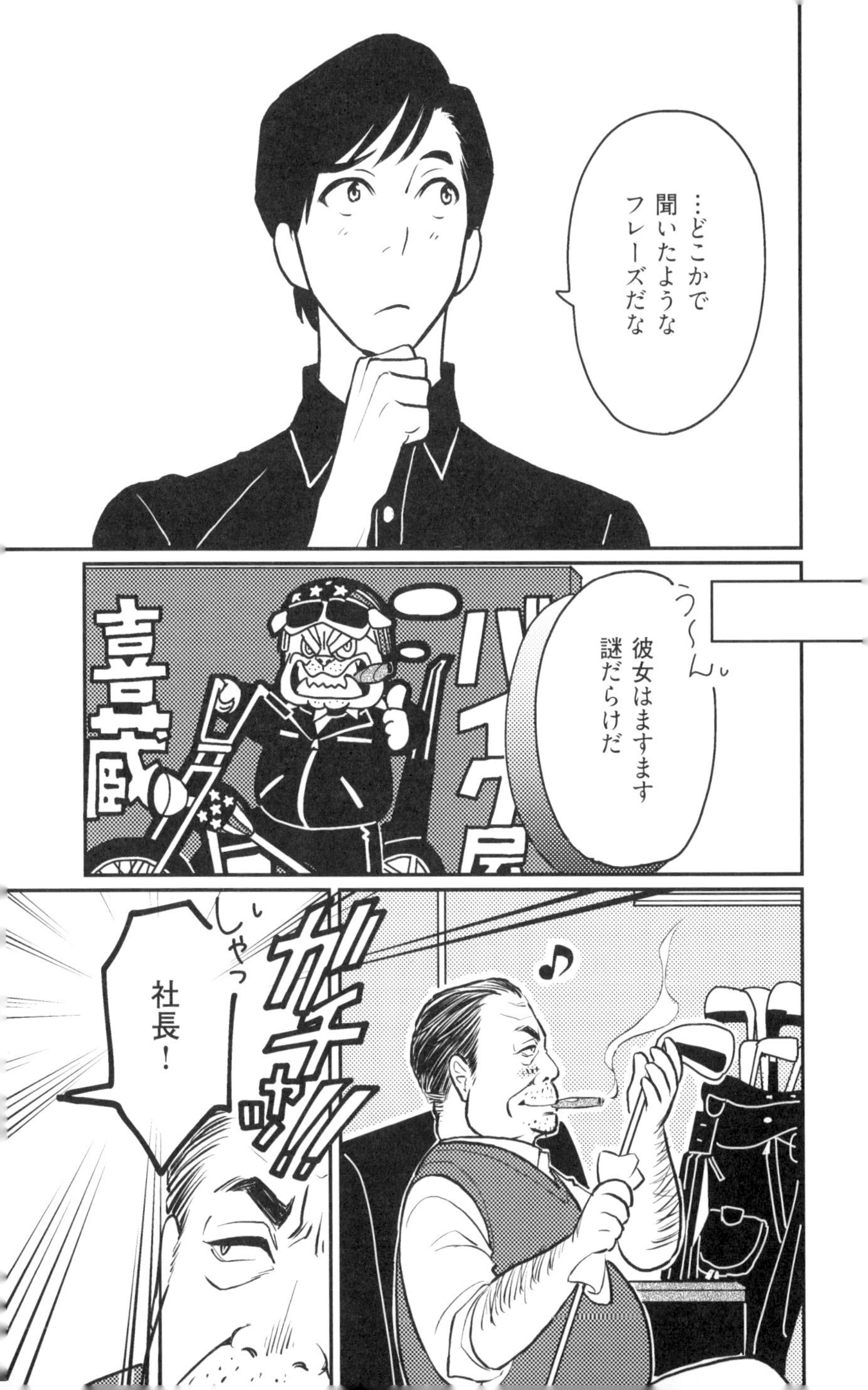

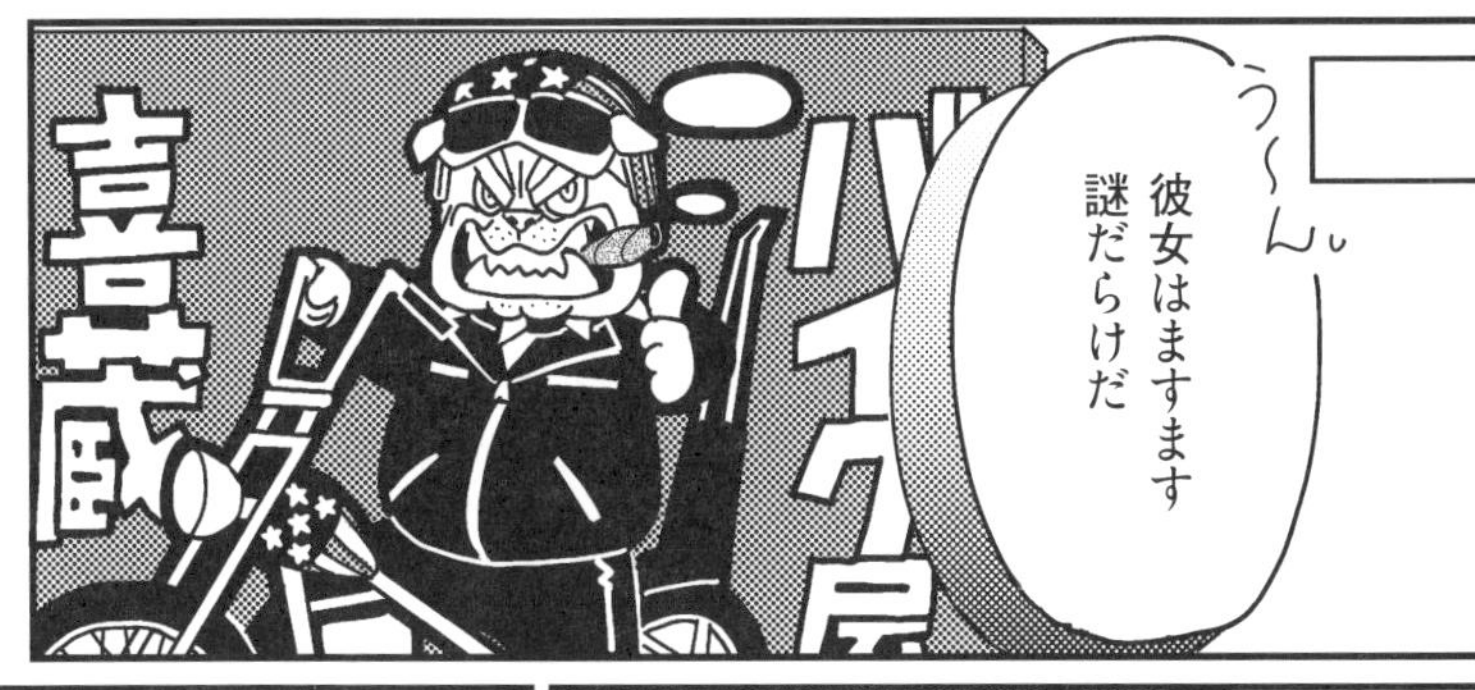

う〜ん
彼女はますます謎だらけだ
喜蔵

しゃっ
社長！
ガチャッ!!

何だ
うるさいな
…大変です…
ネット販売でそこそこ
売れていたバイク用
インカムの出庫が
3カ月前から激減している
ことに気づきました！
この影響か
評判が落ちて
ネットの市場が
雪崩を起こしてます…！
ポロ…
あちちっ!!
な
なぜ
3カ月前のことを
今 報告する!!
そんな…
今までずーっと
そんな感じ
でしたよ
大した変化も
なかったから社長も
聞きたがらない
ようでしたし
な
何が原因だ!?
さあ…？
誰かわかるヤツは
おらんのか!?

そんなできるヤツウチにはいませんよ
社長が一番おわかりでしょう？
辞表
……
辞表
ユーネット
バイク用品
――どんなにいい戦術（武器）をもっていても

キュッ
キュッ
戦力＝戦略＋戦術
戦略が
間違っていたら
成果は
上げられません
戦力＝戦略＋戦術
目に見えない
全体の計画
目に見える
具体的な
作業・武器など
戦力＝戦略力＋戦術力
2：1
なるほど
差別化という
見えない計画の
戦略があって
計画
差別化するぞ！
No1
メモ
メーカー直販や
マニュアルの充実など
具体的な作業
としての戦術がある
というわけだね
行動
ええ

でも差別化は
市場占拠率を
No.1にするという
大きな戦略に
対しての具体策です
では
市場占拠率No.1にする
目標数値の設定に
ついてお話しします
キュッ
キュッ
73・9%を
上限目標値
41・7%を
安定目標値
26・1%を
下限目標値
といいます
73.9% 上
!?
ななじゅ…
えっ
えっ
えっ?
ちょっと
待って!
もう1回!!

第1章 解説

ほかと差別化して、一点集中！ そして、No.1になる!!

「いやあ、インカムの販売戦略、大成功だったね！ ありがとう、感謝してもしきれないよ！ こんなにハッキリ結果が出るなんて……」

「ネット販売の商品の数は数万点。全部をまんべんなく売るのではなく、売れる商品に注力することが大切です」

「一点集中だね」

「そして、その商品に、ほかとはひと味違った輝きをもたせるようにするんです」

「差別化だね」

「その商品のために、精一杯汗をかいて、輝かせて、たとえ細分化された場所であっても……」

「No.1になる!!」

☑弱者の基本戦略は、ほかと差別化すること

差別化の視点は、マーケティングの４Ｐ＋サービス＋地域の６つです。

❶**製品（Product）**＝商品に機能を足す、引く

❷**価格（Price）**＝「３つ買うと１つ無料！」（お土産屋さんでよくあります）など

❸**流通（Place）**＝直接販売と間接販売、Ｗｅｂの組み合わせを工夫する

❹**プロモーション（Promotion）**＝販売促進のメッセージの工夫（「わが社だけです」など）

❺**サービス**＝24時間対応、メンテナンス無

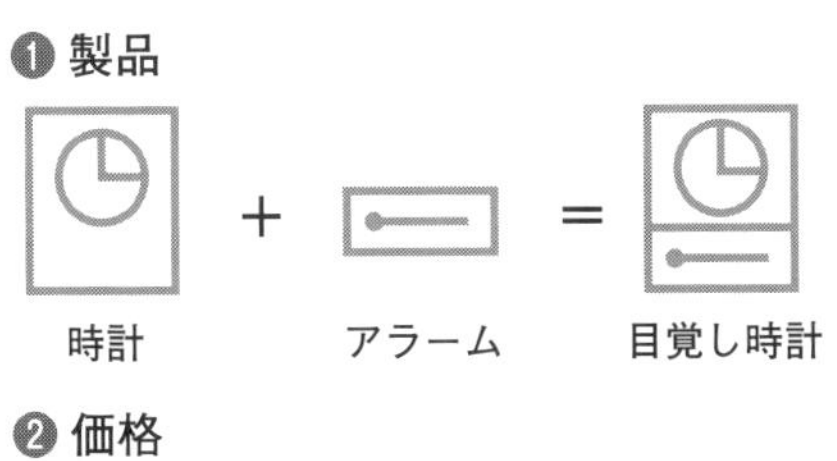

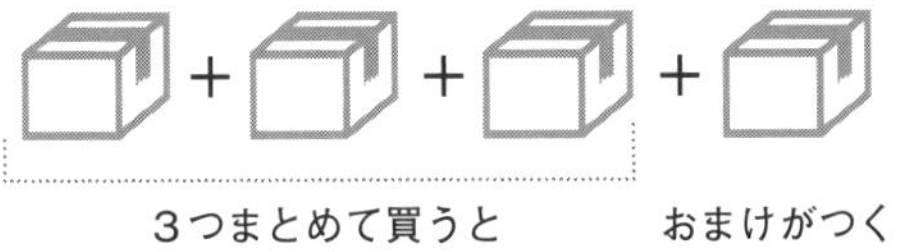

❸流通　❹プロモーション　❺サービス　❻地域

▲他社との差別化をはかるには、それぞれ視点を分けて考える。

料など

❻地域＝半径30分以内の地域だけ対応（「○○町を担当しています」）

弱者が差別化をするときには、これらを組み合わせてください。他社より価格を1円安くしただけでは差別化になりません。できたら**3つ以上組み合わせる**ことです。

たとえば、①製品を2つ組み合わせ、②価格を少し安くして、③24時間対応で、④地域限定で売るというような、**かけ算の差別化戦略**が有効です。

☑ランチェスター戦略方程式の重要な比率は2：1

第2次大戦時に作られたランチェスター戦略方程式のポイントは、ランチェスター法則の武器効率（質）の部分にあたる**戦闘力**を、「**戦略力**」と「**戦術力**」に分けたことです。

「戦略」とは**目に見えないもの、全体的な戦う計画**であり、「戦術」とは**目に見えるもの、具体的な武器、作業のこと**です。そして、最小の損害量で最大の成果をあげるためには、

▲全体のコンセプト（戦略）は、実際の行動（戦術）の２倍重要となる。

戦略力：戦術力＝2：1

という比率が最適であると結論づけました。戦略の比率は戦術の比率の2倍なので、どんなにいい戦術（武器）を持っていても、戦略が間違っていると成果が上がらないということになります。

たとえば、釣りをするときに、どんなにいい竿（武器）を持っていても、計画（＝戦略）を間違えて魚のいない場所を選べば魚が釣れないのと同じです。

このランチェスター戦略方程式をビジネスに活かし、市場競争力の視点から、「**市場占拠率（シェア）**の目標数値の設定」という考え方が生まれたのです。

☑ 市場占拠率の目安は、❶73・9%、❷41・7%、❸26・1%の3パターン

前ページのランチェスター戦略方程式から、**市場占拠率**が導き出されます。

その中で、ポイントとなる3つの数字がこれです。

❶73・9%＝上限目標値＝圧倒的No.1、2位が逆転不可能なシェア

❷41・7%＝安定目標値＝ほぼ1人勝ち、ホンモノのNo.1の目標値

❸26・1%＝下限目標値＝強者の最低条件、当面のNo.1目標値

この3つの数字を正確に覚えるのは大変なの

❶ 約75%

73.9%＝ 上限目標値
圧倒的 No.1
2位が逆転不可能なシェア

❷ 約40%

41.7%＝ 安定目標値
ほぼ1人勝ち
ホンモノの No.1 の目標値

❸ 約25%

26.1%＝ 下限目標値
強者の最低条件
当面の No.1 目標値

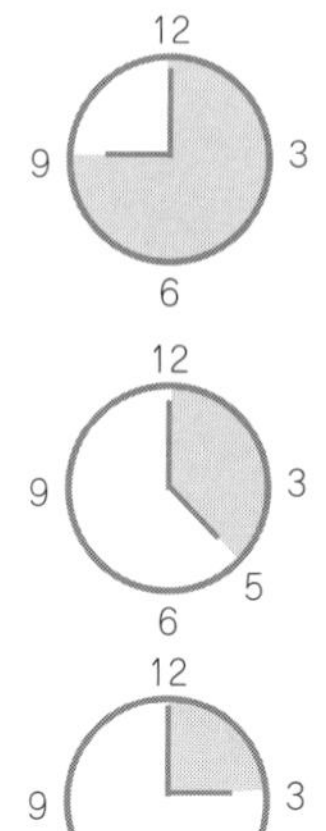

▲時計の9時、5時、3時と覚えるといい。

で、カンタンに覚える方法があります。

それは、❶が３／４の約75％、❷が約40％、❸が１／４の約25％と、大ざっぱに覚えることです。

イメージでいうと、❶が時計の**9時**、❷が時計の**5時**、❸が時計の**3時**となります。つまり、シェアを円グラフで書くと、初めの目標は時計の３時＝25％、次の目標が時計の５時＝40％、最後の目標が時計の９時＝75％と覚えておいてください。

まずは、小さな市場、小さな商品など、小さなところから積み上げていってください。

☑ 射程距離＝3：1の原則は、逆転が困難な比率

ランチェスター戦略の重要な考え方の１つに、**射程距離理論**があります。

前ページの図をもう１度見てください。１位が❶73・９％（上限目標値）と圧倒的No.１になると、２位は❸26・１％（下限目標値）までしかシェアが取れません。

時計でいうと、1位が9時（3／4）までシェアを取ると、2位は3時（1／4）までしか取れない。この比率が3：1となります。

これは、**相手との力の差が3：1になると逆転は困難である**ということを表しています。

射程距離理論には、ランチェスター法則の2つの場合と同じく局地戦と広域戦があり、

❶**局地戦＝狭い範囲（エリア）、単品、小さい市場でのシェアでは「3倍」**

❷**広域戦＝広い範囲（エリア）、全商品、全国市場でのシェアでは「1・7倍」**

が適用されます（広域では2乗法則が適用されるので、ルート3＝1・7となります）。

局地戦では3倍と覚えておくといいです。

☑ 競合パターンの5つの型

各社のシェアの比を表す競合パターンは、❶**分散型**、❷**ビッグ3型**、❸**二大寡占型（ビッグ2型）**、❹**1人勝ち型**、❺**独占型**と分けられます。

5つの競争パターン

❶分散型

例：20% 18% 16% 14% 12% 10%

1位≦26.1%、各社間格差は1.7倍以内、1位＋2位＋3位≦73.9%

❷ビッグ3型

例：30% 25% 20% 11% 8% 4%

1位≧26.1%、1位〜3位まで1.7倍以内、1位＋2位＋3位≧73.9%

❸ビッグ2型

例：38% 36% 18% 5% 3%

1位≧26.1%、1位≦2位×1.7、1位＋2位≧73.9%

❹1人勝ち型

例：43% 24% 17% 9% 7%

1位≧41.7%、1位≧2位×1.7、1位＋2位＋3位≧73.9%

❺独占型

例：74% 16% 7% 3%

1位≧73.9%、1位≧2位×1.7

ここでは、**(a)1位のシェア、(b)1位と2位の差、(c)上位3社のシェア**という3つの視点で見ていきます（上の表を参照）。

❶**分散型**は、(a)1位シェアが下限目標値26・1％以下で安定せず、(b)1位と2位の差は1・7倍以内なので2位は追撃可能、(c)上位3社のシェアは73・9％以内で不安定。

❷**ビッグ3型**は、(a)1位のシェアは下限目標値26・1％を超え少し安定、(b)1位と2位の差は1・

7倍以内なので2位は追撃可能、(c)上位3社のシェアは上限目標値73・9%を超え安定。

❸**二大寡占型（ビッグ2型）**は、(a)1位のシェアは下限目標値26・1%を超え少し安定、(b)1位と2位の差は1・7倍以内なので2位は追撃可能、上位2社のシェアで上限目標73・9%を超え安定。

❹**1人勝ち型**は、(a)1位のシェアが安定目標値41・7%を超え安定し、さらに(b)1位と2位の差は1・7倍以上なので追撃困難となり1人勝ち、(c)上位3社のシェアで上限目標73・9%を超えるので安定。

❺**独占型**は、(a)1位のシェアが上限目標値の73・9%を超え絶対安定、(b)1位と2位の差は1・7倍以上で追撃困難。

前ページの表を参考に、自社の位置づけを確認してください。

占有率の型は、❶**分散型→❷ビック3型→❸二大寡占型（ビック2型）→❹1人勝ち型→❺独占型と推移してゆく一般性**をもっています。

弱者が差別化戦略を取らない限り、この流れに歯止めはかけられません。ここから、シェアパターンの推移として、次のことがいえます。

1位　極大化の法則＝1位のシェアは次第に上がる

2位　じり貧の法則＝2位は次第にシェアを落としていく

3位　漁夫の利の法則＝3位は上下をくり返しながら微増する

4位　横ばいの法則＝4位はほとんど横ばいになる

5位　脱落の法則＝5位は途中から脱落していく

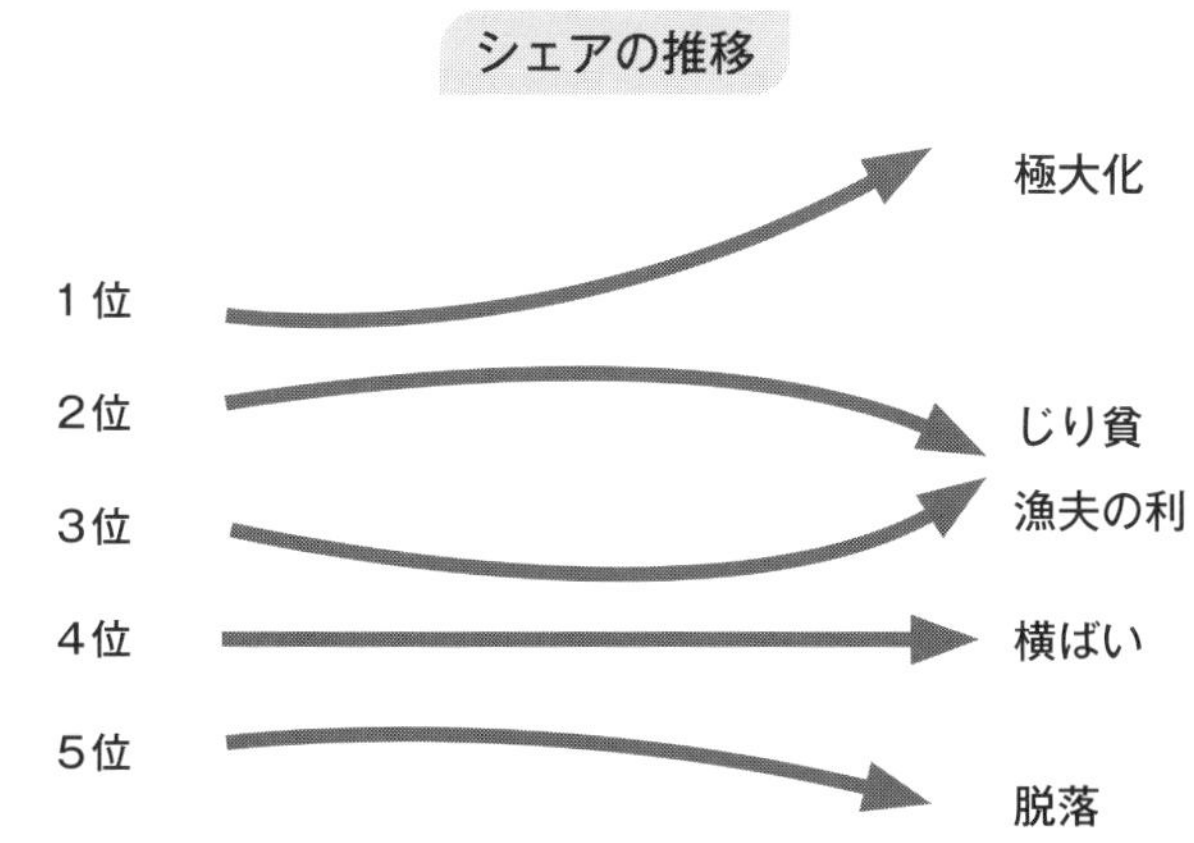

▲弱者が、差別化戦略を取らないと、1位の地位はゆるがなくなる。

こういったシェアパターンの一般性を考えると、「差別化がない」という条件のもとでは、絶対的に有利なのは、No.1だけとなります。

さらにシェア40%を超えると、1位と他者の差は圧倒的になっていく傾向があるのです。

つまり、No.1の地位だけが安定し、それ以外には安定の条件はありません。

したがって、われわれのすべきことは、全体で勝つことではなく、個々の細分化した**小さな領域でNo.1を作り**、安定した地位を作ることなのです。

「**弱者こそNo.1を作るべし**」なのです。

☑ランチェスター戦略3つの結論、1位とNo.1の違い

ランチェスター戦略における重要な結論は、3つあります。

❶ナンバーワン（No.1）主義

❶ナンバーワン（No. 1）主義
２位を射程距離圏外に引き離している
ダントツの１位のこと

❷足下の敵攻撃の原則
実際の戦いでは足下の敵を叩くこと

❸一点集中主義
戦う場所を「狭くする」「絞り込む」
こと。その上でその場所に一点集中
する

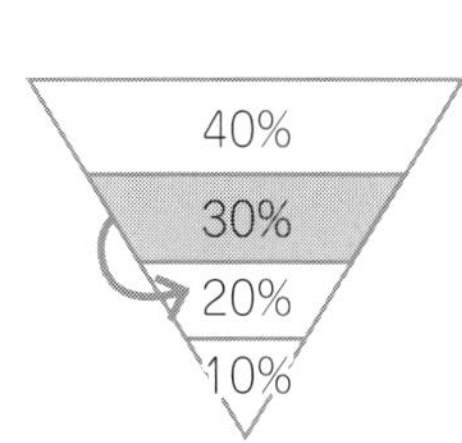

▲ランチェスター戦略の「小が大に勝つ」３つの結論。

❷足下の敵攻撃の原則
❸一点集中主義

中でも最も重要な項目が、**❶のNo.1主義**です。

ランチェスター戦略では、「No.1」という言葉の使い方が、一般的な意味とは違っています。普通、「No.1」と「1位」は同じ意味で使いますが、ランチェスター戦略では「No.1」とは、2位を射程距離圏外に引き離している**ダントツの1位のこと**です。「2位より売上が10円だけ多い」というような「なんちゃって1位」では、ランチェスター戦略では「No.1」とはいえないのです。

ランチェスター戦略では、目指すのはNo.

1。つまり、**局地戦では2位に3倍の差をつけて圧倒的に勝つ、ダントツの1位を目指す**のです。ここが最も大切なところです。

まやかしの1位ではないホンモノの1位＝No.1とは、市場シェアが41・7％＝安定目標値＝ほぼ1人勝ちの状態であり、局地戦では3倍、広域戦では1・7倍のシェア差を2位とつけているようなダントツの状態を指します。

また、弱者がNo.1になるには、なりやすい順序というものがあります。

それは①**エリア**、②**顧客**、③**商品**の順です。

たとえば、「ベンツよりもいい車をゼロから作る」ことよりも、「ベンツを半径1kmだけで売り、No.1になる」ことのほうがやさしいと思いませんか？　それ

No.1とは、市場シェア41.7％以上の状態のこと。1位でかつ、2位を3倍（局地）引き離している（$\sqrt{3}$（1.7）倍＝広域）

局地戦なら2位に3倍以上の差をつけること

広域戦なら1.7倍以上の差をつけること

▲ランチェスター戦略のNo.1の定義。

がつまり、「商品でNo.1になるよりも、エリアでNo.1になるほうがカンタンだ」ということです。

意欲がある人ほど、いい商品を作りたい、新しい商品開発をしたいと思うものです。でも弱者はやめたほうがいい。いい商品を、範囲を絞って売ることから始めたほうがラクです。

弱者は初めは無理をしない。できることからコツコツやることをお勧めします。

ビジネスではNo.1以外は生き残れません。だからいきなり大きな範囲を狙わずに、小さなエリア、小さな商品、何でもいいから**小さなNo.1を積み重ねることが大切**です。

☑ 競争目標と攻撃目標を分ける（足下の敵攻撃の原則）

No.1になるための方法が、ランチェスター戦略の結論❷、**足下の敵攻撃の原則**です。

これは言い換えると、「**競争目標と攻撃目標を分ける**」となります。弱者が強者に勝つための大切な考え方です。

①競争目標
＝
自分より上位の相手
↓
戦い方は差別化戦略
（違うことをする）

②攻撃目標
＝
自分より下位の相手
↓
戦い方はミート戦略
（同じことをする、合わせる）

▲戦う相手が自分より上位なのか下位なのかよく見きわめてから、戦い方の戦略を練ることが大切。

「競争目標」と「攻撃目標」とはどんなものかというと、

①競争目標＝自分より上位の相手
→戦い方は差別化戦略（違うことをする）
②攻撃目標＝自分より下位の相手
→戦い方はミート戦略（同じことをする、合わせる）

このことをカンタンにいうと、「**勝ちやすきに勝つ**」ということです。強者に戦いをのぞまない。負ける戦いをしない。強い相手からは逃げるということです。

「怖気づくな、正面突破せよ！」というのは勇ましいのですが、強い相手とむやみに戦えば、負ける可能性が高いのです。戦い方を間違えれば、大企業でさえも赤字になります。たとえ優秀な人材が豊富であっても、です。その理由は、競争目標と攻撃目標を混同するからです。無計画に思いつきで経営をするからです。

「えいやーっ」だけではうまくいきません。戦う計画、つまり、戦略が必要になります。設計図がないままではキチンとしたビルが立たないように、計画がないままではキチンとした経営はできません。会社が目指す方向性と目標をハッキリさせて、「競争目標と攻撃目標を分ける」ことが大切です。

☑ 一点集中主義でいく

競争に勝つには、**選択と集中**が大切です。

どこを選択するかというと、当面の攻撃目標です。攻撃目標を1つに絞り、そこに力を一点集中させること。これがランチェスター戦略の結論の❸**一点集中主義**です。

攻撃目標については、①**どこ（地域）**、②**だれ（顧客）**、③**なに（商品）**の3つの視点があります。「特にいいこと」に一点集中してください。いい地域、いい顧客、いい商品に一点集中して成果を出すことです。そして、そこに対して「**他社の3倍やる**」ことを目標にしてください。

弱者に限って手を広げたがるものですが、**弱者は手を広げないことが大切**です。あれもこれもやりたくなる誘惑に負けないことです。力を分散させればどうしても力が弱くなります。同じ経営資源が有効に活用されません。

一点集中するとは、「**やらないことを決める**」ことです。「**小さくする**」「**絞り込む**」ことです。営業範囲を広げない、小さく、狭く、いいエリアに絞り込むことです。「いい顧客にいい商品だけを提供すると、いい結果が出る」と覚えておいてください。

COLUMN 02

ジョブズもiPhoneもランチェスター

iPhoneを創造したスティーブ・ジョブズこそ、ランチェスターの実践者です。

アップルが1998年に出したメッセージは、"Think different."（シンク・ディファレント）「**何か違うことをしよう！**」。そのとき、マーチン・ルーサー・キング牧師やモハメド・アリなど「世界を変えた人物」を広告に登場させました。

人と同じではなく違うことをする。徹底した差別化をする。ディス・イズ・ランチェスターです。その思想の結果がiPhoneであり、iPodであり、iPadです。

"Think different."（シンク・ディファレント）＝差別化＝ランチェスター戦略といってもいいかもしれません。**その「考え方」こそが戦略**なのです。パソコン事業で負けた弱者が差別化で勝ち上がってきた実例といえます。

また、iPhoneは、キーボードをなくして（**引き算**）、画面を広く使いやすくし、電話とiPodとWeb検索の3つの機能をあわせて（**足し算**）、付加価値を高めています。

COLUMN 03

稲盛和夫もランチェスターで会社を成長させた

「京セラをまず西の京で一番、その次に京都で一番、それから日本一、世界一の企業にしたい」という大きな夢を創業時から描き続けてきたと、稲盛和夫(いなもりかずお)氏はいいます。じつはこの考え方こそがランチェスター戦略なのです。

まず小さなところで一番を目指す、その次にもう少し大きな範囲で一番を目指す、さらに、その次にもう少し大きな範囲の一番を目指すことです。小さな一番を積み重ねることです。

弱者は**差別化**して**一点集中**して**No.1**です。

まず、No.1になると目標を決めることが大切なのです。トップがNo.1を目指すと宣言することです。初めはまったく無理と思えるかもしれません。しかし、思わなければ始まらない。だから、無理を承知でNo.1を目指す。

そして、そのためには**小さなNo.1を積み重ねること**なのです。No.1への道は、小さなところでNo.1になる目標を決めることから始まるのです。

第2章 No.1を目指せ！

A small company can beat a big one.

ユーネット
バイク用品
ユーネット
ずりっ
ふぬっ
ずりっ
むっ
すすっ
ゔーっ
――竹永さん
倉庫の仕事も
やるなんて
言ってるけど…
大丈夫かなぁ
ぬううっ
ぐぐぐぐっ
ユーネット

どんっ
きゃ
ぐらっ
竹永さん！
きりっ
大丈夫です！
そうは見えませんけど…
たんっ
ちょっと休憩しましょうか
タオルどうぞ
はい
ありがとうございます
すっきり
竹永さんっていつも「No.1主義が大事」って言ってますよね
はい
僕はのんびりなせいか
つい2位でも3位でもいいって思うんだけど…
社長！それは違います

私が言っているというより
それがランチェスター戦略のキモなんです
キモ？
ランチェスター戦略では
強者と弱者をこう定義づけしています
いいですか社長
チャキッ
あ、スイッチが切り替わった！
不思議ちゃんからメリー・ポピンズへ…
強者とは競合局面において勝っている市場占有率1位の企業
弱者とは1位以外のすべての企業
強者
弱者
つまりNo.1とそれ以外の企業では
戦略も戦術もまるで違うんです
うん それはわかるんだけど…

シェアの推移
1 極大化
2 じり貧
3 漁夫の利
4 横ばい
5 脱落
1位は極大化の法則がはたらきシェアは次第に上がります
2位はじり貧の法則でシェアを落としていくんです
3位は漁夫の利法則上下をくり返しながら微増します
4位は横ばい
5位は途中から脱落していきます
つまり絶対的なNo.1以外はその地位が安定しないんだったね
ええ
No.1のメリットは
❶逆転されにくく地位が安定
❷価格競争に巻き込まれないから利益率がアップ
❸「○○ならウチ」というようなブランドを確立できる
う〜ん
わかるけどでもねェ…
心配いりません

No.1の対象を小さく小さく細分化して絞り込めばいいんです
たとえば地域だったら
この町のNo.1から始めて市No.1県No.1…と
ユーネット
バイク用品
少しずつ大きくNo.1を育てていくんです
そしてその小さなNo.1を重ねていくんです！
キラキラ
圧がすごい…
…えーと…
カタン
翔！
兄貴ちょっと今いいかな？
バイクショップ「You！」店長
佐藤翔（40）

申し訳ないけど
また…
…ああ…
はぁ…
じゃあ
向こうで
話そう
あ
彼女のことは
話しただろ
経営のアドバイスを
してもらったり
している才媛
竹永さん
はじめまして
せっかくだし
彼女にも一緒に
聞いてもらおう

ありがとうございます
コト

ダメ…かな…

チラ
…兄貴
——弟の翔は
親父のやっていた
店を引き継いでいる

ユーネット
バイク用品
YOU!
当初ウチの会社も
その街道沿いの
バイク屋の
一部門だったが
今は協力関係を
保ちながら
お互い
独立している

店はバイクと関連商品の販売・修理を行う「街のバイク屋」で
バイク・バイク用品
YOU!
スタッフは親父の代からの人が多く 高齢化

客層も古なじみばかりで
よう！お孫さん元気？
最近結婚が決まってさー
商品の回転が鈍く

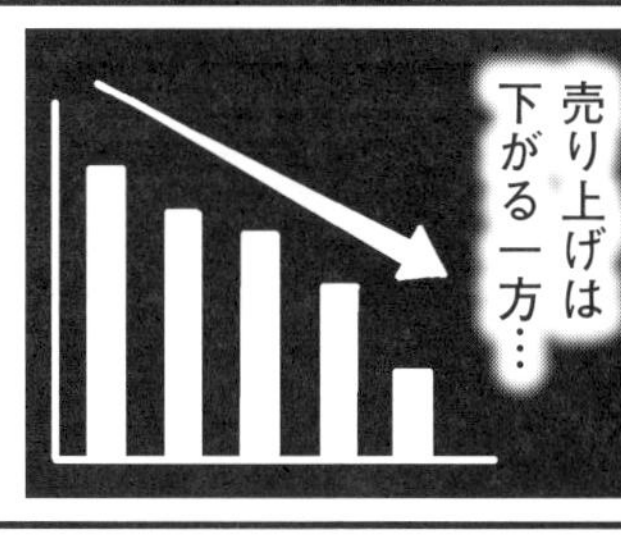
売り上げは下がる一方…

高騰する人件費が払えず
年中ウチに資金援助を乞うている

ウチは貸付金がかさみ
それが足かせとなっていて
もう放置する段階はすぎていた――

その場しのぎを続けていくのではなくて

いっそのことお店を改装してみたらいかがですか？

いや そんなお金
この上お願い
できませんよ
う〜ん
でもこのまま
ズルズル
やってもなぁ〜

改装かぁ…
たとえば
どんなふうに？

前に
社長の用事で
お店に行って
思ったんです
せっかく
街道沿いに
あるのに
暗くて地味だなって
YOU!

地の利を
生かすなら
コンビニのように
照明を明るくしては
どうでしょう？
なるほど…

いやっ
でもなあ～
――そうだよ…
えっ
イートインコーナーとかも作って
街道ライダーのオアシス拠点なんてのはどうだろう？
兄貴!?
はい！
まずは街道沿いNo.1店
顧客満足度No.1店を目指すんです！
No.1を積み重ねることが
弱者が強者に勝つ方法です！
それにもうひとつ提案！

他店と差別化するためのキラーコンテンツがほしいよね
法人向けのジャイロキャノピーに注力するのはどうだろう？
ああ
あのピザ屋のスクーターか
なるほど
法人で購入してくれるところを狙えれば安定につながる！
そうですそうです！
事業におけるNo.1主義で大切なことは
No.1をどこにどうやって作るかという戦略目標を立てることなのです
その場合弱者が着目するべき優先順位は
❶地域
❷顧客
❸製品
の順です
ちなみにNo.1になった強者はその逆です
①←②←③

そうか
改装で街道No.1店を目指し
それは顧客満足No.1店につながる…
最後にキラーコンテンツによる差別化をはかって
製品No.1を狙う…
ということですか!?
翔
その場しのぎじゃ何も解決しないなら
ちょっと大きなことしてみるか！
大丈夫なの？
ああ
彼女のアドバイスで結構ヒット商品が出てね
まあこの際だから！
そんな！私の力なんて微々たるもの
すべては社長の決断ですよ
ではでは
どういったプランがNo.1を狙えるか
見積りとレジュメを作ってきますね！

パタ…ｌ…

なるほど…

たしかに 切れ者だ

そうなんだよ

うーん

でも いくら経営に 直接関わりたい からといって

大企業を辞めてまで なんでウチみたいな ところに…

腑に落ちない？

それだけじゃなくて
なにやら すごい経営者の孫で お嬢様らしいんだよ
そんな人が 倉庫でホコリに まみれている？
そうなんだよ なぁ～
なんだか 申し訳ない……
ほんと 謎の美女…
はっ！
いや！ 変な意味じゃ ないからな!?
決して!
おいおい
変な気を 起こして 義姉さんを 悲しませるなよ？
そういうんじゃ ないから！

…フン…
メリー・ポピンズみたいだから憧れてるなんて言えるか…
数カ月後
わいわい
ユーネット バイク用品
これそっち！
今日の配達まだいける？
がやがや
在庫あとどれくらい!?
あのー
どうしたんですか？いったい？
プチプチたりない！
ああ！竹永さん
3.4.5…
集荷おねがいします

ほら 例の「炭ハサメール」だよ

芸人シンヤ@shin-no-yoru

炭ハサメール
超絶使いやすい!!

102 1,614

SNSで芸人の深夜さんが使ってくれた動画から

プチブレイク気味だったけど

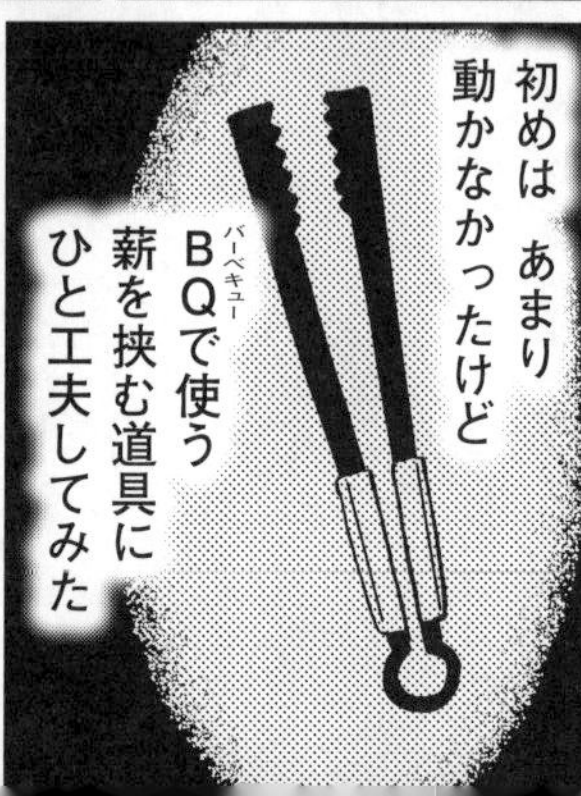

おお！
これはまさに差別化商品！
一点集中商品
次はこれでいきましょう！
翔
どうだい？調子は
兄貴

ははは
そんなにすぐには結果は出ないよ
でも　とりあえず街道1番店にはなったぞ
ズイ！
ライバルはたった2軒だけどな
にやり。
なんだよ
竹永さんが言ってたじゃないか
細分化したNo.1をコツコツ重ねていくことがランチェスター戦略なんだって!!
冗談、冗談
そうだよ
弱者は差別化する勇気をもつこと
1位になれるまで細分化――
一点集中
何の関係もないことに広げていかない

接近戦で戦う
訪問し近くに寄って触れ合う
局地戦で戦う
戦場を広げない！
一騎打ち
一人ひとり丁寧に対応する
ありがとうございます
ユーネット
万人を狙わない
ターゲットを絞り込む
キャンプ用
勝ちやすきに勝つ
競合相手がいないところで静かに戦う
これが
弱者が強者に勝つ方法だ!!

「No.1主義」を実現するためのヒントと、その方法

「翔の店の例で、まずは街道No.1からを目指していくって、すごく小さいことだけど、大切なことだよね」

「ええ。小さく分割してもNo.1はNo.1。これを積み重ねていくことが重要なんです。それにしても炭ハサメール、素晴らしいアイデアで差別化に成功しましたね」

「ああ。まあ、たまたまだよ」

「いいえ。これで『炭ハサメールといえばユーネット』っていう『〜といえば』を獲得したんですよ。すごいことです」

「おかげさまで……」

「では今から、No.1主義を実現するヒントとその方法について、さらにつっこんだ内容をお話ししていきましょう」

☑ランチェスター戦略のポイントは、❶差別化、❷一点集中、❸No.1（ナンバーワン）

ランチェスター戦略のポイントを、「わかりやすく3つだけ」にするなら、次の3つです。

❶差別化、❷一点集中、❸No.1（ナンバーワン）。

No.1は強者。自社がNo.1でないなら、弱者です。

弱者は、戦い方を工夫しなければ負けます。だから、負けないための工夫をする必要があり、負けないコツを知っておいたほうがよい。

そのコツはシンプルです。「**弱者は差別化して、一点集中して、No.1！**」

次のように考えてください。

❶差別化………「**質**」

❷一点集中……「**量**」

❸No.1…………「**目標**」

まず、No.1になることを**目標**とする。そのための**手段**が、**差別化**であり、**一点集中**です。

差別化とは「**質**」の視点であり、一点集中とは「**量**」の視点。この**「質」と「量」のかけ算により、No.1を作り上げる**、と覚えてください。

ランチェスター戦略の究極の目標は、No.1になることです。ある競合局面でNo.1になれば、強者となり、生き残ることができます。ブランドができ、高収益になる。だから、No.1になることを目標にするのです。

☑ 生き残るためには差別化が必須

なぜ、差別化が必要なのか？

その理由は、「**お客様に選んでもらうため**」です。ビジネスでは、自社が選ばれなければ生き残れません。

自社が選ばれるためには、お客様に提供した価値を認めてもらうことです。自分だけがいいと思っている、ひとりよがりな差別化では、お客様に選ばれないのです。

差別化をする場合、自分の視点ではなく、**顧客の視点で考える**ことが重要です。一人称ではなく、二人称で考えること。お客様の視点から、自社商品が他社より秀でたもの、差別化されたものであるように考えましょう。

人は誰でもひとりよがりになりがちです。自分の商品を売るときには、「ここがいい」「買うべきだ」と言いたくなる。でも、あなたがお客様になったときのことを考えてみてください。お客様には、選択の自由があります。何を選んでもいい、だから、買わない自由があるのです。

たとえば、スーパーでお菓子を選ぶときには誰にも遠慮せずに、勝手に選びます。そのとき、いつも買うチョコの違う味が新発売だったら、つい買ってしまう。なぜか？　それは、「いつもと違う」上に、「ほかと違う」からです。**差別化されているから**です。

▲たくさんの中に埋没していては、誰からも価値を認めてもらえない。

だから、自分が作る側のときも、買う側の立場に立って、**ほかと違うこと**を意識するといいのです。それが差別化の本質です。

☑ 差別化は3Cの視点で！

Company（自社）、Customer（市場・顧客）、Competitor（競合）という3つの「C」が、**差別化を考えるときのポイント**です。日本語で覚えやすくするために、「私と、あなたと、恋敵」と言い換えています。

この**3C**の視点を忘れないようにしましょう。Company（自社）、Customer（市場・顧客）、Competitor（競合）の視点で、❶**独自性**、❷**顧客価値**、❸**競合優位性**を作ることです。

❶独自性とは、自社の強みを強くして、人と違う個性を出すことです。オリジナリティ、

自分の会社「**らしさ**」ともいえます。

❷顧客価値とは、お客様にとって価値があること、お客様の視点から差別化することです。**ひとりよがりにならないこと**が大切。マーケティングの発想です。

❸競合優位性とは、競合他社より優れていることです。**商品、サービス、技術などで優れ、お客様に選んでもらうこと**。

ここでも改めて、ひとりよがりではなく、あくまでもお客様が喜ぶ価値を作ることが大切です。そして、独自性があったとしても、競合に真似されるのが当たり前。だから、改良改善を続ける努力が必要になります。

☑差別化のコツ⑴「足す、引く、かける」

差別化について考えるコツとして、「**足す、引く、かける**」があります。

▲使う側の立場で考えると、いいアイデアが浮かぶ。

「足す」とはＡ＋Ｂ＝Ｃということ。ある価値をもつものに対して、１つの価値を足し、顧客が必要とする新しい価値を作り出すことです。「**あらゆる発明は、ニューコンビネーション（新しい結合）から生まれる**」という言葉があります。

たとえば、ただの鉛筆に消しゴムを足して、消しゴムつきの鉛筆を作るようなイメージです。鉛筆で書くときに間違うので、必ず消しゴムが必要になります。なので、鉛筆で書くほうの逆側に小さな消しゴムをつけておく、そうすると便利です。そしてさらに進化して、鉛筆ではなくペンで書いても消せる機能をつけてヒットした商品があります。

また、温度と湿度がわかる時計なども「足す」例です。これが、Ａ＋Ｂ＝Ｃの価値を生むイメージです。

「引く」とは、今ある機能をどんどん削っていくこと。**捨てる決断をすること**です。

子ども用の自転車で、ペダルがなく、ブレーキがなく、泥除けがない自転車があります。子どもが自転車に乗り始めるとき、じつはあのペダルが邪魔で、乗るのが難しくなるため、ペダルを取り、ブレーキを取ったのです。本来必要な機能をなくす、A－B＝Cです。子どもでも、サドルを低くすれば、両足をついて乗れるようになります。

子どもが早く1人で自転車に乗れるようになってほしい！　という親の願望を満たしたのが、この機能を「引く」自転車。ペダルもブレーキもチェーンもなくし、世界中で大ヒットしたストライダーという自転車です。

「かける」とは、**❶「何を」❷「どうする」の2つの切り口で、3つは違いを作ること**です。

たとえば❶「何を」では、①製品、②価格、③販路、④販促、⑤サービス、⑥エリアの6つが考えられます。

それに対して❷「どうする」で、違いを作ります。製品に○○を足す、○○を引く、色を変える、パッケージを変えるなどです。

この差別化を3つかけ算したイメージはこうです。製品をAとBの抱き合わせにしてパッケージを変え、価格を安くし、販路をA社からB社中心にする、1つ目のこれをこうする、2つ目はこれをこうする、3つ目はこれをこうすると、3つの違いを作ります。

こうして手間をかけることが、差別化になるのです。これは、自社の強みに磨きをかけることにつながります。

手間をかけて徹底して強みを磨き続けると、それがその会社の特徴になります。「ウチの会社はこれが特徴！」と言えること自体が差別化になるのです。

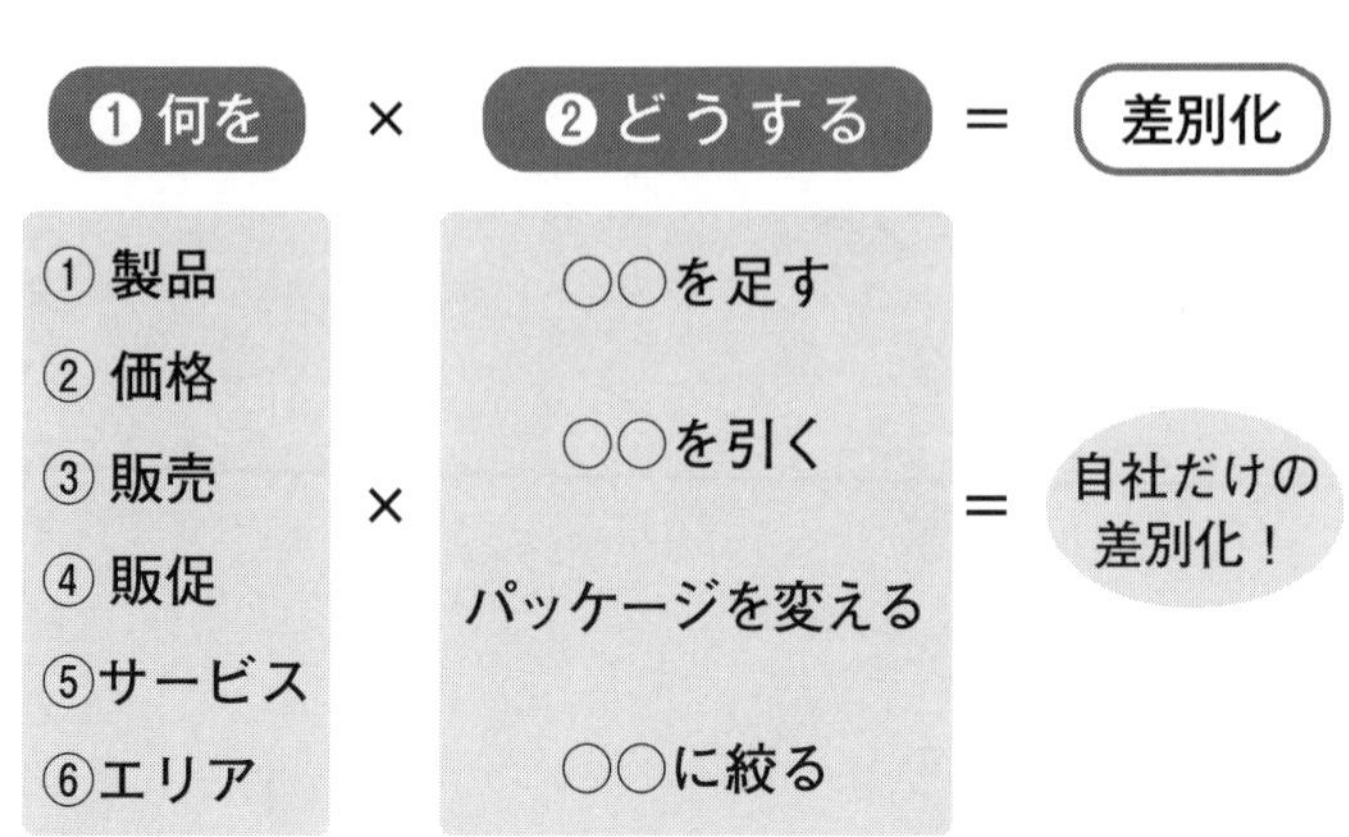

▲既存のものを、かけ合わせても、差別化は作れる。

☑差別化のコツ⑵「分ける、ズラす、磨く」

「分ける」こと、すなわち**細分化すること、分解すること**も、差別化のコツです。漠然と捉えずに、細く切っていくことです。地域であれば、田んぼの田の字のようにして区分けをしていく。ちょうど住所を調べて、東京都千代田区丸の内１－１－１を探すような感じです。機械部品であればエンジンという１つの塊で見るのではなく、それを分解していって、１つひとつの小さな部品まで見て違いを作る、そんなイメージです。

たとえば、「自社の強みは技術力の高さ！」ではダメで、「インカムに強い、それもホテルや居酒屋ではなくバイクのインカム」とか、さらに「４人同時通話可能で、ノイズキャンセル機能の技術に強い」というようにする、細かく分けて狭い領域を見つけていくことです。

「ズラす」ことも、差別化のコツです。そのときのポイントは２つ。❶**時間**と❷**場所**です。

❶時間をズラす例として、ビジネスマンなら朝早く出勤する、休日に出勤する、年末年始に仕事するなど、人がやらないときにやることです。企業であれば、24時間対応にして、

お客様の要望に応える、他社がやらない夜の時間帯に修理・サービスをするなど。

❷場所をズラす例として、人通りの多い商店街ではなく、1本裏の落ち着いた道にレストランを出す、雰囲気をちょっと変えたお店を出す、などといったやり方もあります。

また、飛行機のエンジンの例では、2基または4基と偶数が常識だったのに、主翼の下ではなく、垂直尾翼に取りつけることで3基にした差別化の事例があります。ズラした発想です。さらに、エンジンは垂直尾翼の下が当たり前だったものを、機内の音を静かにするために、機体を低くし、主翼の下ではなく本体の後ろのほうに、ズラしてつけたホンダジェットの差別化事例もあります。

そして、ズラすヒントとして、**焦点をズラす**、**論点をズラす**、**ピントをズラす**、という考え方の側面から差別化をすることも可能かもしれません。

さらに、究極のズラすは、**逃げる**こと。強者とは戦わないことです。相手にしない、真正面から戦ったら勝てないなら戦わないのが正解です。

「三十六計逃げるに如かず」です。たとえ、自分がどんないい戦略をもっていても、相手のほうが圧倒的に強いなら逃げるが勝ち。最良の策です。『孫子』の「戦わずして勝つ」に似

▲発想の転換は、常識を疑う勇気から。

ています。相手の強いところで戦わずに、戦うポイントをズラして、自分が強い別のところで勝つことです。

「磨く」ことも、差別化につながります。

これは、強みを磨くこと、**強みを伸ばすこと**です。ちょうど刃を研ぐような感じで、丁寧にシュッシュッと手入れをするイメージです。自社の強みが洗練されてゆく。垢抜けてゆく。他社が追いつけないように改善してゆくということです。

そして、自社の強みを磨くことによって、自信ができます。なぜなら、努力を続けるからです。コレだけやったんだから大丈夫！

と思えるのです。そんな経験、ありませんか？

さらに、強みを磨き続けると、勝負に勝てるから自信ができます。こんな小さい領域だけど、百戦百勝負けなし！　向かうところ敵なし！　となれば、誰でも自信ができるはずです。

もちろん、すべての領域で勝つことなどできません。だから、分解して、ズラして、勝てるところを見つけて磨き上げる。それで勝負すると、毎回、面白いように勝てるので、仕事が楽しくなるのです。

☑差別化のコツ(3)「尖る、刺さる、際立つ」

さらに差別化のコツを挙げていきましょう。

「尖った人」「尖った意見」というと、のっぺりとしたものではなく、少し過激さが感じられます。「尖る」とは、細くて、鋭くて、普通のものとちょっと違う感じで、「キリ」「針」「矢」のようなイメージです。「強み」を「磨き」続けると、「尖り」ます。

「尖る」とは、**人と違っていること、普通と違っていること**です。丸くならずに「尖る」ことは差別化です。そして、尖るから刺さります。

「刺さる」とは、強い衝撃を受ける、深い感銘を与えることです。「先輩の言葉が胸に刺さる」とか、「人の心に刺さるコンテンツ」といった言い方をしますね。

別の言葉では、「エッジが効いている」。エッジとは「端」「刃」。「エッジが効いている」とは、「刃の切れ味がいい」、「人を刺激する鋭い感覚がある」こと。スキーのエッジを踏み込むとギュッと曲がる、あの感じが「エッジが効いている」です。尖って刺さると、相手の印象に残ります。

そして、ほかのものと区別されてハッキリと目立つことを、「際立つ」といいます。

「**経営とは、際立つこと**」です。周りと同じ状態ではなく、ハッキリと、くっきりと、目立つ状態を作る、その色だけが浮き上がって見えるように、その会社だけが明瞭に認識できる、「やっぱり好き」というような状態を作り上げ、「際立つ」ことが差別化となります。

強みを磨き続けて尖らせると、お客様のニーズに刺さります。そういった尖った差別化の要素をたくさんもっていることが、際立つことにつながる。だから、自社の強みをピカピカに磨いて際立たせることが大切です。お客様に覚えてもらえます。

差別化のコツは、

❶足す、引く、かける、で強みを作り、
❷分ける、ズラす、磨く、で強みを強くし、
❸尖る、刺さる、際立つ、ことでお客様に覚えてもらう。

このステップで進めていくのが1つの方法です。

☑ 差別化のヒント「3つ」

さらなる差別化のヒントとして、**❶「3つやる」**、**❷「3つやらない」**、**❸「3つの違いを作る」**という考え方があります。

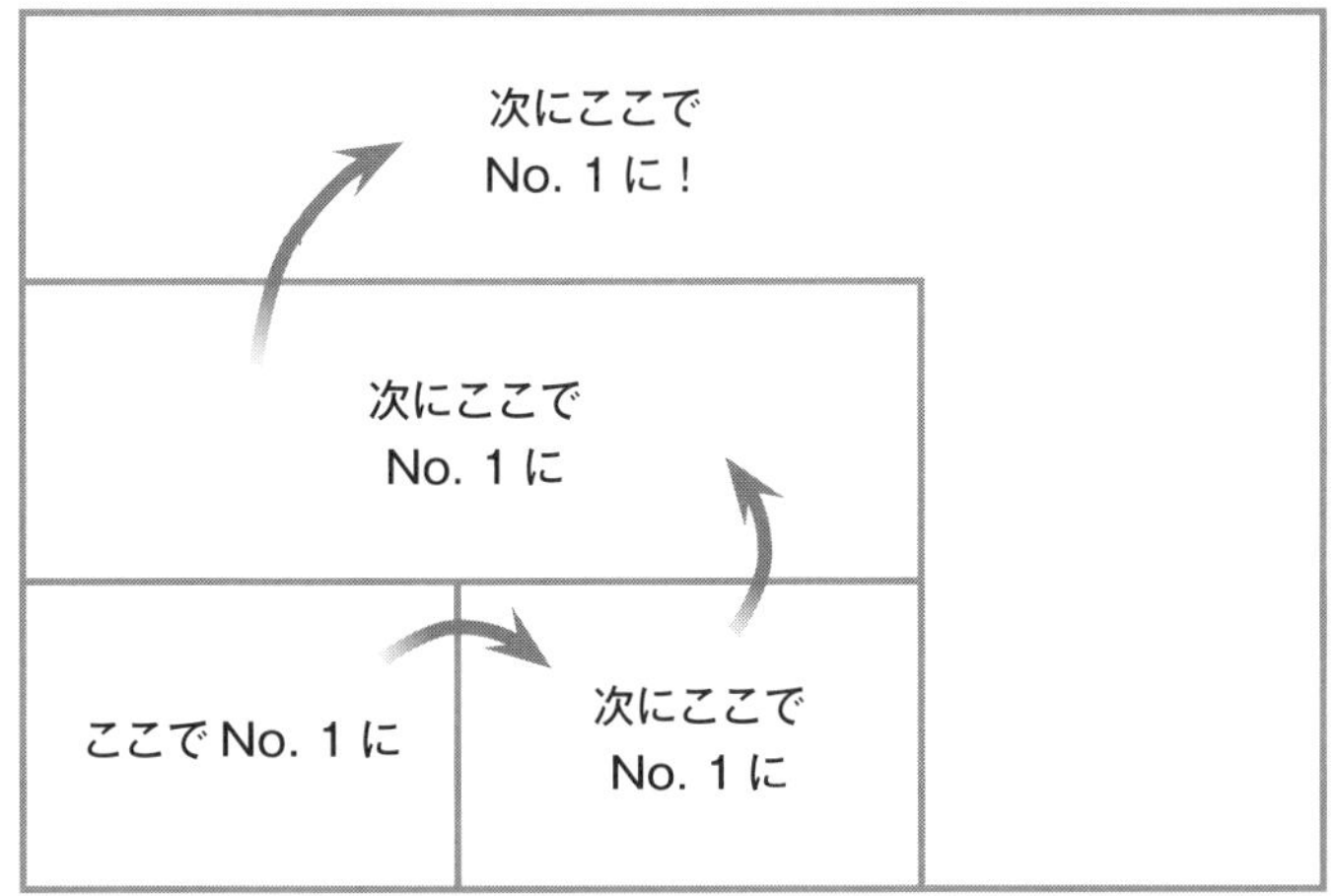

▲小が大に勝つために、差別化が第一歩。そして、小さなNo.1を積み重ねていく。

❶「3つやる」は、たくさんやることがあっても、重点方針として3つだけやることを決めます。たとえば、社内の方針を作る場合、「3つやる」こととして、女性の就業比率を50％にする、女性のマネージャー比率を30％にする、女性の結婚後の退職比率を20％以下にする、と決めます。

❷「3つやらない」ではたとえば、医療品以外やらない、製品寿命の短いものをやらない、世界シェアNo.1になれるもの以外はやらない、というように、やらない方針を決めます。

❸「3つの違いを作る」方法の例は、①「何を」②「どうする」という2つの視点でかけ算をすることです。たとえば、「ランチ用のパン」

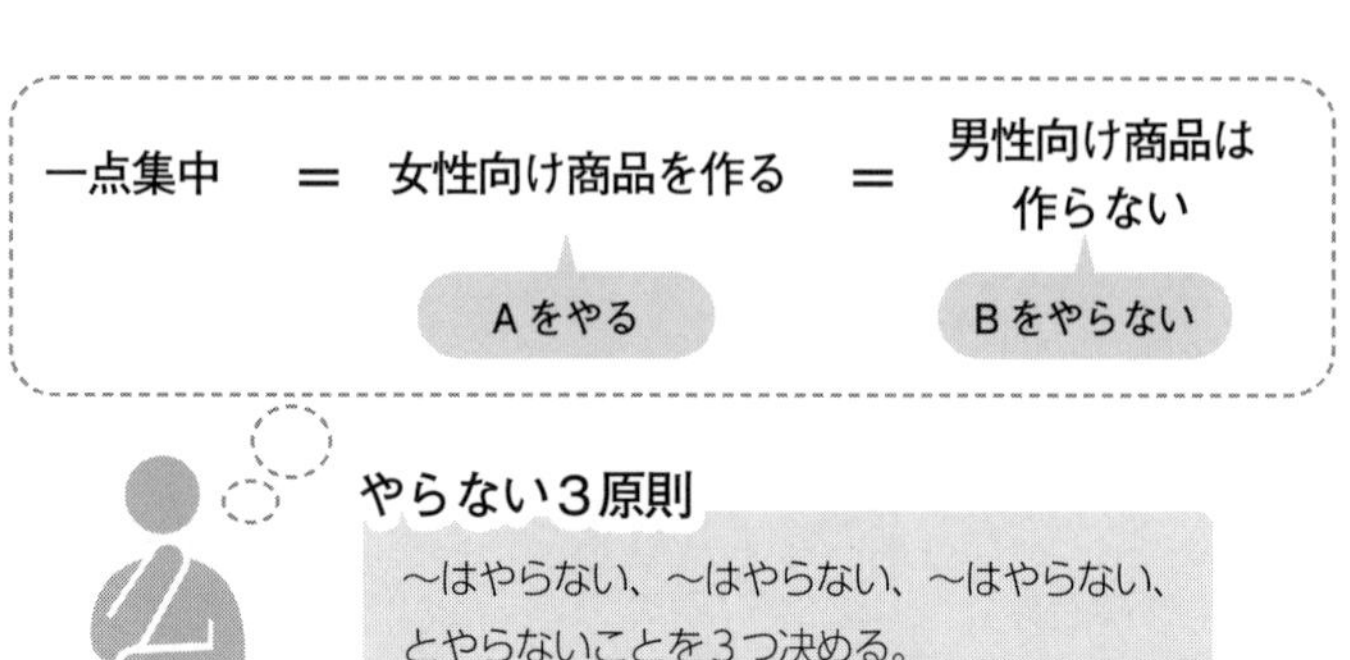

▲やらないことを決めると、「これだけはやる」ことが見えてくる。

に、「パン好きの牛乳」と「パン好きのジャム」をセットにして提供する。「パン好きの牛乳」とは、実際に販売されている商品で、牛乳をパン好きの人用にしたもの。パン好きに特化した牛乳です。

ほかにも、男性向けの製品を20代に絞り込む、販売エリアを関東だけにする、アフターサービスを1年間つけるなど「3つの違いを作る」ことは可能です。

❶「3つやる」、❷「3つやらない」、❸「3つの違いを作る」ということによって、合計で9つの手が打てます（3＋3＋3＝9）。

☑ 一点集中のヒント⑴「捨てる、やめる、絞り込む」

次に、**一点集中**のヒントを見ていきましょう。

「**捨てる**」とは、今あるものの中でいらないものを手放すこと、見切ること、整理をすることです。たとえば、在庫にある1億円の商品の中で、売れる見込みのないものを手放すと、売れる商品に注力することができ、倉庫の中がすっきりして、モヤモヤした思いが少なくなります。ものを探すのも早くなります。

しかし、「これを捨てる！」という決断には勇気が必要です。「まだ使えるんじゃないかなぁ」という迷いが出るので、それを打ち切る思いが必要となるのです。

「**やめる**」とは、今までやっていたことを終わらせること、引き算をすることです。

たとえば100の商品があるとして、売れない下位の20％の商品の販売をやめること。そうすることで、残りの80％の商品に注力することができます。

商品を捨て、行動をやめることによって、そこに余裕ができ、すき間ができます。今まで手がいっぱいで動きが取れなかったようなところに、心の余裕や物理的な余裕ができるわけです。そうすることで一点集中ができるようになります。対象となるものの数が減ってくるからスッキリします。

そしてさらに、残ったものの中から「**絞り込む**」。あれもこれもやらず、手を広げない、捨てて、やめて、絞り込む。これしかやらない。これだけにする。これのみ、これオンリーというようにシンプルにします。

捨てる、やめる、絞り込むことで、物事がシンプルになります。会社であれば社員にも情報を伝えやすくなり、社員が動きやすくなります。だから、成果が出やすくなるのです。

☑ 一点集中のヒント(2)「狭く、深く、濃く」

何でも手を広げていてはうまくいきません。特に中小企業の経営では商品を広げ、エリアを広げると、たいてい失敗します。

逆に、エリアを**狭く**し、扱う商品を狭くする、これが一点集中になります。この「狭く」することがとても大切なポイントで、絞り込む、特化するともいえます。

「深めれば広がる」。1つのことを**深く**やっていくと、そこに初めて真理が見つけられます。宮大工、能楽師、ノーベル賞受賞者など、1つのことを深めていった人の言葉には重みを感じます。

あれも、これも、それも、やるのではなく、1つのことをとことん突きつめてゆく。1

つのことをやり始めたら、深く、深く、深く、入っていく。

深く穴を掘ったとき、初めて広がりが出ます。それが、中小企業の経営がうまくいくコツです。

浅く、薄くやるのではなく、深く、**濃く**やる。やり方も濃密、やっている時間も充実している、時間を忘れるほどそれに集中している。そんな状態を、ハンガリー出身のアメリカの心理学者ミハイ・チクセントミハイは「フロー」と呼びました。

つまり、目の前のことに集中しているので周りがほとんど見えない、自分が歩く1本の道だけが見えているような状態です。

「濃い」とは味が強い、密度が高い状態。食べ物でいえば、超激辛のカレーライスです。

▲狭く、深く、強く、一点集中してNo.1を目指す。

「狭く」「深く」「濃く」やることを、「長く」続けられれば、本物の差別化ができます。

超一流の人は、❶**「狭く」**、❷**「深く」**、❸**「濃く」**、❹**「長く」**やっています。

だから誰も追いつけない、そして本人は、それを苦しいとも思っていない。とても満足、幸せだと言う、こうなると誰もかないませんね。

差別化とは「質」の追求であり、**一点集中とは「量」の追求**です。でも、一点集中をして長い時間、そこにもてる資源を投入し続けることが、そのまま質の追求となり、差別化となっていくのです。

だから、中小企業は**経営資源を分散させない**ことです。

中小企業がよくやるミスで、とてももったいないのが、この経営資源の分散、手を広げること。「とりあえず、ちょっとこれでもやっておこうか……」というスケベ心が問題です。

そうではなく、今もっているヒト、モノ、カネ、時間という経営資源を一点集中する！

一点集中せずに、分散すればするほど、失敗する確率が高くなります。倒産した会社、利益率の低い会社ほど、無意味な多角化をしています。

少なくとも売上１００億円規模になるまでは、１つの事業に一点集中したほうが成功します。もちろん試行錯誤することも大切ですが、手を広げないことです。あくまでも、中小企業は地道に丁寧にコツコツと、人が嫌がるようなことに一点集中してやっていく必要があります。

☑ 一点集中のヒント(3)「資源と範囲」

《「資源」の一点集中》

P・F・ドラッカーがいうように、**経営資源を集中させる**と、成果が出やすくなります。その場合の**経営資源**とは、**ヒト・モノ・カネ・時間**です。

ヒトの一点集中とは、できる人に重要な仕事をやってもらうことです。

たとえば、一番売れる営業マンを、一番売れるエリアに配属する、そして、一番売れる顧客を担当させる。重要な経営資源である、一番売れる営業マンを、一番売れないエリアに送り込んでも、本人もやる気がなくなりますし、成果が出ません。極端な場合は、10倍以上結果が変わることがあります。よりよい資源を、より成果が出るところに一点集中することが大切です。

同じように、モノも一点集中します。モノとは、製品であり設備です。一番売れる商品を、一番力を入れて一点集中して売る。また、一番生産能力が高い設備に一点集中して、フル回転させて生産能力を高めます。

お金なら、一番生産性が高い、リターンが多いところに投資をする。

時間なら、一番生産性が高い時間、たとえば朝の静かな時間に一点集中して重要な仕事をする。成果が出やすい時間に最も重要な仕事をして生産性を高める、気が散る時間は重要な仕事はしない、という考え方です。

一番大事な資源を、一番大事なことに使う。当たり前ですが、とても大切な一点集中のコツです。

《「範囲」を狭くして一点集中》

切り口としては、❶**どこ**、❷**だれ**、❸**なに**、の３つの視点があります。

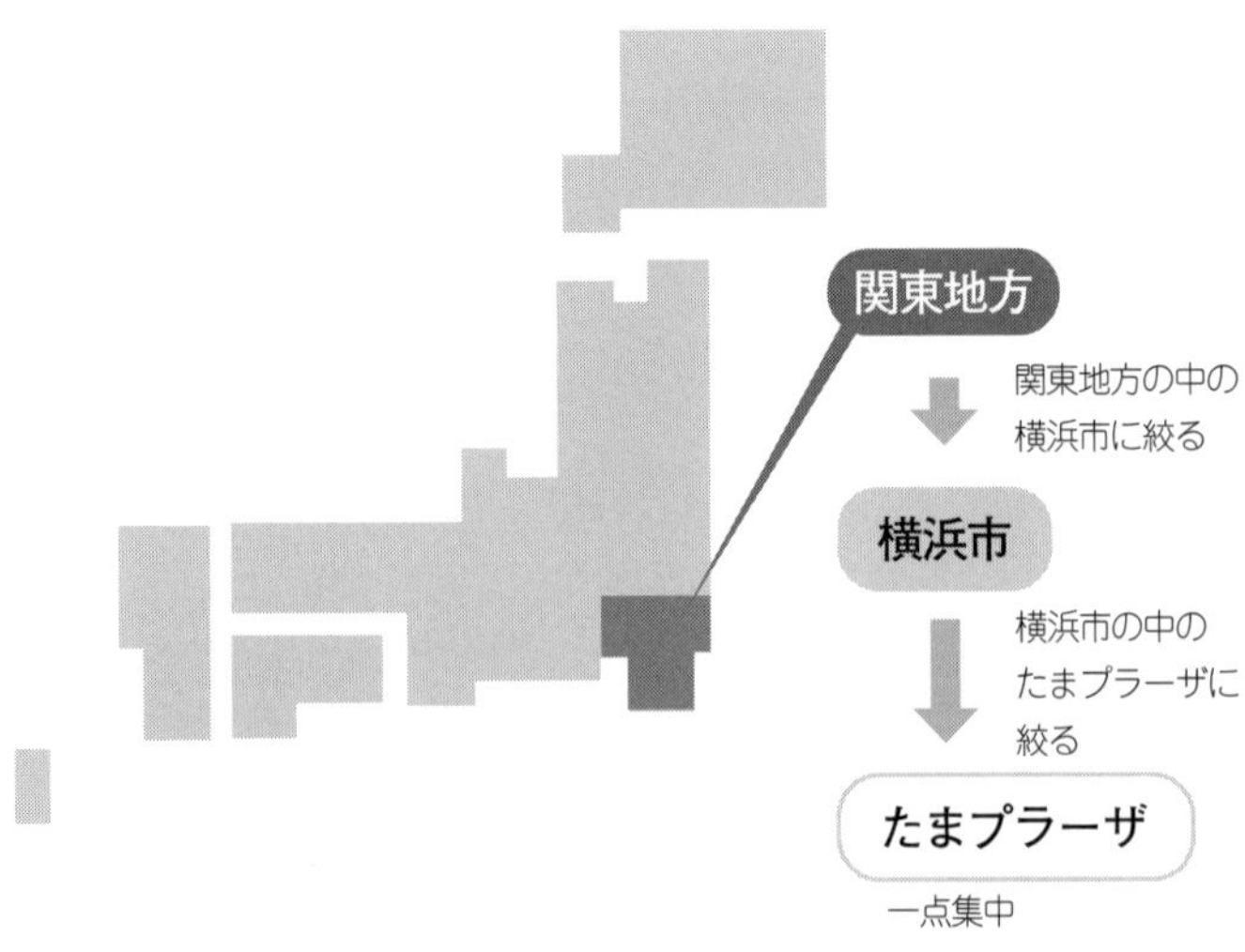

▲自分の営業範囲は広げない。目安は移動半径 30 分。

「どこ」というのはエリアです。自分の営業範囲を広げず、ある狭い範囲だけで営業します。目安は移動半径30分です。

「だれ」というのはお客様です。一番成果が出ているお客様に特化する、または出そうなお客様に特化する、といったように、仕事をする対象者の範囲を狭くすることです。

「なに」というのは商品。一番売れている商品に特化をする、売れてない商品は売ろうとしない。シンプルに考えるといいと思います。売る商品を3つくらいに絞り込み、対象商品の範囲を狭くすることになります。

☑「極める、突きつめる、道を求める」

1つのことを**極めていく**と、成果が出やすくなります。あれもこれもやるのではなく、この道だけやる。たとえば、能楽師のように能を5歳から85歳まで80年間やるというような極め方です。これはスゴイ！

サラリーマンの場合、大学院を出て25歳で社会人、早期退職で55歳までとなれば30年しか働きません。80年と比べると50年間の差があるわけです。だから極め方がまったく違うのです。

そして、1つのことを極めていくことは**突きつめる**ことです。能であれば手の動かし方、体の使い方、声の出し方等シンプルなものを突きつめる。それが芸能の本筋であり、道となっていくわけです。

日本人は昔から、1つの道を極めていくこと、修行という考え方が好きです。職人さんが1つひとつやっていく日本古来の技術はまさに、極め、突きつめ、**道を求める**「**行**」。

茶道、華道、金箔の細工など、５００年、１０００年続く職人芸は、すべからくそういう要素をもっていると思います。これこそ、本物の一点集中です。われわれビジネスマンも見習いたいものです。仕事の場においても、人生においても極めることの面白さ、真理を見つける楽しさがあると思います。

☑ No.1を目指すなら一流でNo.1を知る

P・F・ドラッカーのいう**創造的模倣**とは、**体系的に学び、真似をし、ひと工夫を加えること**です。だから、No.1になるには、No.1を知り、真似をして、自分で付加価値をつける工夫をすればいいわけです。これを知ったとき、「なるほどそうか！」と思い、私はたくさんの一流の人に会いに行きました。

たとえば、京セラの稲盛和夫氏、私は世界一の経営者だと思っています。なぜなら、世界でただ1人、1兆円企業3社のトップになった方だからです。稲盛和夫氏が主催する盛和塾（経営者の勉強会）に15年間で100回参加し、その思想、立ち居振る舞いを学びました。

掃除道でNo.1の鍵山秀三郎氏。日本を美しくする会で新宿歌舞伎町の掃除を月に1回、年12回を10年継続。朝6時から一緒に歌舞伎町のゴミを拾い、雑草を抜き、地面のガムを剥がしました。

カレーハウスでNo.1、ＣｏＣｏ壱番屋の宗次徳二さんには、名古屋に会いに行き、朝一番で一緒に掃除をし、ランチまでおごってもらいました。夏の暑い日に、栄の広小路通りの中央分離帯にある花に水をあげました。

No.1企業の研究は１０００社以上。経営者1万人以上、上場企業の社長も累計１０００人に会えました。No.1好きが高じて、２０１５年ノーベル生理学・医学賞受賞の大村智教授にも会えました。ゴルフ好き、帽子好きな話も聞かせてもらいました。

すべてはNo.1を知ろうと思ったことから始まります。まったく0（ゼロ）の状態から、15年の歳月をかけてコツコツとやり続けたことで、この実績ができました。

あなたにもできます！

バイクの部品でNo.1になる、キャンプ用品の販売でNo.1になる、何でもいいのです。

どんな小さなところでも、何かでNo.1になると決め、そして、それを調べ、学び、徹底して追求してゆく。10年あればその道でNo.1になれます。

でも、**まずは今日、1つやること。それが一番大切です。**1週間続け、1カ月続け、1年続けてみる。それを3年、5年と続ければあっという間に10年になります。

頑張ってください！　必ずできます！　私が保証します!!

☑「一点集中すること」が最も成果を生む！

《パレートの法則》
あれもこれもやろうとするからうまくいかないのです。
あれもこれもではなく、**あれかこれか**のほうが、成果が出ます。すべてをやろうとせずに、絞り込むことが大切です。
絞り込むときのヒントが、1896年イタリアの経済学者ヴィルフレド・パレートが提唱したといわれる、**パレートの法則**です。重要な上位20％の原因が80％の結果を生むとして、

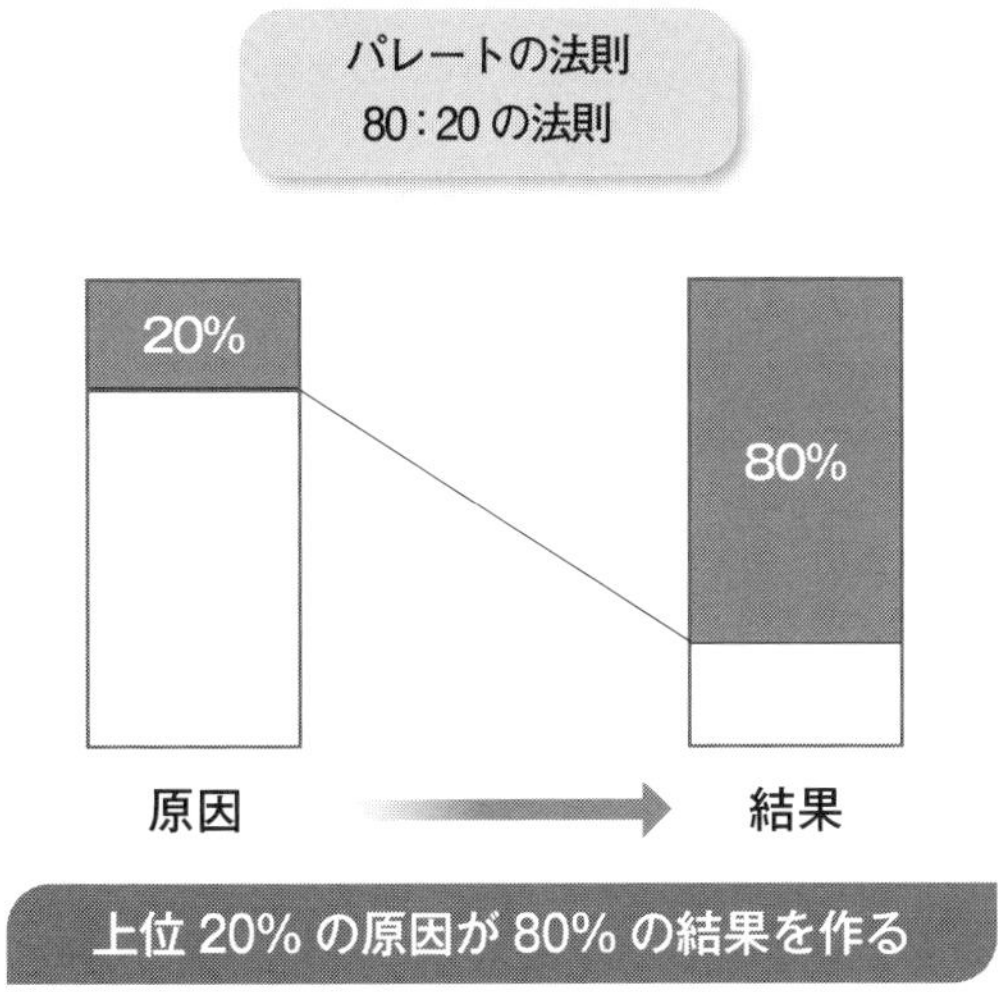

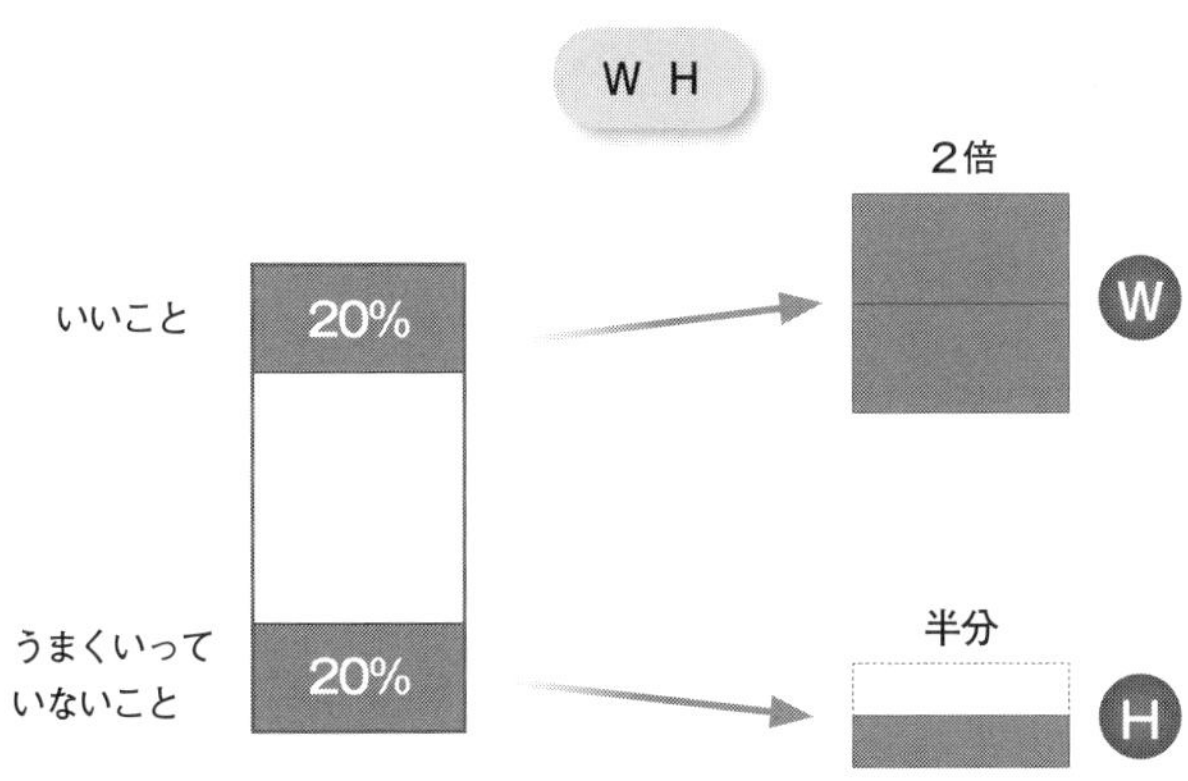

▲一点集中のための絞り込みには、パレートの法則と、「WH」の考え方を併用するとよい。

80：20の法則といわれます。

具体的には、「上位20％の優秀な営業マンが、売上の80％を生む」「重要な上位20％の顧客が売上の80％を構成し、上位20％の商品が、80％の売上になる」といったことです。

だから、優秀な営業マン、大切なお客様、大切な商品を大切にすることが重要です。80％の結果を出す上位20％のお客様、上位20％の商品を大切にしてください。

《WHの考え方》

また、「WH」という考え方もあります。

「W」とは、**いいことをW（ダブル）、2倍やること**。

「H」とは、**うまくいってないことをH（ハーフ）、半分にすること**。

非常にシンプルですが、覚えやすく、効果的です。

たとえば、いいお客様への接触頻度を2倍にする、売れていない商品を半分にする。

これならカンタンにできますよね。そして、すぐに効果が出る。80：20の法則とともに即効性のある効果的なやり方です。

《兵力は分散しない》

兵力は分散して投入してはいけません。

一点集中せずに力を注ぐことは、負けを意味します。

たとえば、兵力数が600のA軍と、300のB軍が戦ったとき、武器効率が同じなら、兵力数の多いA軍が勝ちます。しかし、A軍が100の兵力数を6回に分けて投入すると、B軍が勝ちます。

理由は、1回目の戦いでは、A軍100：B軍300とB軍のほうが兵力数が多くなるからです。その戦いを6回くり返すと、A軍は負ける。つまり、自分の力を分散して使ったがために、勝てる相手に勝てなかったのです。

これは、ビジネスにも個人の人生にも当てはまります。たとえ才能のある人でも、自分の才能をあれにもこれにも使えば、どれもモノにならない人生になるのです。

しかし一方で、才能は劣っているとしても、**1つの仕事に一点集中してやり続けることで、人生が開花する人**もいます。同じ人生でも、やり方によってまったく別のものになるのです。

《人に覚えてもらえる存在になる》

「～といえば」はランチェスターです。

たとえば、コンビニといえば、「○○○○」。

ハンバーガーといえば、「○○○○」。

この「○○○○」に入るものがNo.1のものです。ほとんどの人が、セブンイレブンとマクドナルドと答えたと思います。

ランチェスター戦略でNo.1を目指す理由はここにあります。

人に思い出してもらえるかどうか。「あの商品ならあの会社」と覚えてもらえているかどうか。ある人の心の中の市場占有率（マインドシェア）が1位である企業や商品になると、圧倒的に強くなります。

やっぱりスマホはiPhoneだよね。買い換えるならiPhoneでしょ！　となるのです。

だから、あなたの会社も**「～といえば」あの会社だよね**、になる必要があります。

ある市場でNo.1になれば、そう言われるようになり、選ばれていくのです。

第3章 社長の心得

A small company can beat a big one.

ユーネット社員
木村大介(36)
ユーネット

ユーネット

カランカ
ママ
席空いてるー?
スナック
ブルドッグ

あらぁ
キムちゃん
いらっしゃーい
スナック
ブルドッグ

だいたいさぁ
ウチの会社面白くないいんだよ！
ひっく
ユーネット
優秀だかなんだか知らないけど
お高くとまった新入社員が仕切りだしてさ
社長が頭が上がんないわけ！
どんっ
ん
…ああこんなにこぼしちゃって…
お兄さんよっぽどストレスがたまってますね
そんなときはとことん吐き出さないと
チラ
ここは私に
1杯おごらせてください――

…ん…
ぱち。
がばっ!!
3時!?
やばっ
終電!!
はっ
ママ…
…と
さっきの…
ピッ
だいたいさぁ
ウチの会社
面白くないんだよ!
え…
優秀だかなんだか
知らないけど——
ピ
ボイスメモ

にっこり
キムちゃん 毎度ごひいきに
私
お宅の商売敵「バイク屋喜蔵」社長の娘なのよ
なっ…
そういえば言ってなかったかしら
キムちゃんがウチに通いはじめたとき
すごいご縁って思ってたくさんサービスしたんだから許してね♡
こんないい酒がボトル無料!?
キムちゃんのこと気にいっちゃったから特別に♡
ありがとママ!! この店通っちゃうよ!
キム
──改めてはじめまして
あなた たしか
急成長している「ユーネット」の創業メンバーですよね
木村大介さん

私　今ちょっと
あなたがたに
苦しめられている
「バイク屋喜蔵」
の山田と申します
どうぞ
お見知りおきを
あなたが
この店の上客で
よく会社の
愚痴を言って
高いお酒を安く
飲んでいると
ママから
聞いていますよ
さて
この録音
相当ご不満が
溜まっている
ようですが
お宅の会社に
お送りしては
立場がなくなって
しまうのでは？
ガタ
そんなっ
ですが
もし
あなたがウチへ
来てくれる
というのなら
この録音は
削除し
ボイスメモ

給料も今の2倍
お支払いすることを
お約束します
ユーネット
バイク用品
木村が辞表を
送りつけて
きただと!?
はい
本人に連絡を
取ったところ
「バイク屋喜蔵」に
いい条件で転職
するから
あとはよろしくって
言っていました
辞表

どさっ
よりによって
なんで喜蔵に…
何を考えてるんだ
アイツは!!
創業以来
ずっと一緒に
やってきた
仲間なのに…!
…もういい
ちょっと
ひとりにしてくれ…
…失礼します
…社長…
外まで
聞こえてました
……
——社長
これは
チャンスですよ

……え……
会社がまとまらず迷走している今こそ
社長とこの会社が変われるチャンスなんです!!
前に社長がおっしゃっていましたよね
何をすべきなのか漠然としていてただ目の前にあることにガムシャラで
心に穴が開いているようで
次のステップがわからず踏み出せないと
あ…ああ
今がそのステップアップのときなんです
私に
3つの秘策があります!!

まず
1つめ
ゴシッ
ゴシッ
これは必ず
続けてください
毎日
毎日です!!
ゴシゴシ
ゴシゴシ
朝 皆が
出勤する前に
誰にも言わず
トイレも含めて
会社中の掃除を
してみてください
やり続ける
んです!
ふ～…
最初は
なんでオレがって
思っていたけど
ピカ
ピカ
やりだしてみると
気持ちのいい
ものだな

やっぱりオレは
オレの会社を愛しているんだよ
うん。
それにしてももう2週間か…
案外続けられるものだよなぁ
あの…社長…
ん
こんな朝早くから掃除なさってたんですか…？
驚。
田中さんおはよう
ごめんもう終わるから
洗面使うんだよね？
はは
おはよー
あれっ社長？
なになにー？
わらわら
──掃除はランチェスターであるともいえます

よっと
ポイントを絞ること
①範囲を限定し
②時間を限定して
③一点集中する
これが掃除をやるときに成果を出すポイントであり
そのまま仕事で成果を出すランチェスター戦略のポイントです
具体的には
①今日は棚の半分だけ
ふー
②5分だけ
③一点集中して片づける
あっという間だったな
というイメージです――

つまり
掃除をして
成果を出す体験が
もうちょっと
やりたい
くらいかも
仕事をして
成果を出す体験に
つながるのです
社長
お手伝い
しましょうか？
そして
2つめの
秘訣です
カタ
カタ
数字は毎日
見ること
お
売り上げが
前月比
10％アップだ
5週 11,260
売上 総計 59,808
差額
1週 1,622
粗利 2週 4,174
月次決算を
作成することを
習慣づけてください
カタ
カタ

わい
わい
居酒屋
秘策3つめ！
ときどきは社員と飲みに行くようにしてください！
木村のやつ行きつけのスナックで
会社の愚痴をたれてたらしいんです
たあいのないことを言って憂さ晴らしをしていたそうなんですが
店が悪かった
そこ「バイク屋喜蔵」の社長の娘がやっている店だったようで
愚痴を録音され脅された挙句
いい条件で引き抜かれたってのが真相だそうです
はは
その愚痴聞いたところでどうするってわけじゃないのにね
まあいい条件で引き抜かれたのなら仕方がない
――だけど
あいつ言ってました

ウチと喜蔵では
社長の格が
月とスッポン
だって
高給で迎えて
くれたんで
会社のために
頑張ろうと
思って
戦略!
まずはウチと
同じことを
やろうとした
そうなんですが
誰もついて
こなかったそうです
それは
やっぱり
社長が
原因なんだ
…って
……
でね
言ってやりました
社長のやっている
早朝掃除のこと!
そうしたら
木村のやつ
よーし!
さっそくマネして
会社を変えてやる!
なんて
意気込んで
ました
はは
元気そうで
なによりだけど
そいつは強敵に
なるな
皆さん
ちょっと聞いて
ください!

社長が毎日やっている掃除のことなんですが
このまま社長と有志社員だけでやるというのもどうかと思いませんか？
自分たちの会社を自分たちできれいにするのは当たり前じゃないですか！
あ…いや…
まあ
そうだな
皆でやるべきだよな
えっ
わい
わい
たしかにそうよね
分担制にしちゃおう
じゃあ 皆の希望の曜日とかオレがまとめるよ
おいおい…
掃除はオレが好きでやりはじめただけで――
何を言ってるんですか！

自分たちの会社をよくしていきたいと思うのは
社長ひとりじゃないんです
私たちも混ぜてくださいよ！
そーだそーだっ
じ〜ん…。
わいわい
私、木金いけるよ
オレは月曜
よっ！社長！
ポン！
ひっく！
どうかね？
次のステップに進めたっていう気がしないかね！
わっ！？
竹永くん飲みすぎ！
よーし！じゃあここで
私のとっておきの秘密教えちゃいま〜す！

私が大企業を辞めた理由！
私の上司どもがこぞってコストパフォーマンスって便利な言葉——
要するに「サボって儲ける」のが賢いんだとかぬかして
それを社是とし強要してきたわけ！
どの会社でも「楽をするのがお利口」で
「汗をかくのはバカのすること」なんて言われて…
そんな人生観を押しつけられて生きていくなんて
まっぴらと思ったんです！
竹永くん…

……
…竹永くん？
ぐらり
おいおいっっ
竹永くん!!
私 タクシー呼んできますね
ありがとう
すー すー
まっぴらだと思ったんです！
それにしてもかっこいいなぁ
そろそろ──…
まっすぐな矜持をもつメリー・ポピンズか──
──でもだとすると

第3章 解説

小さな会社をよくする経営術

「木村が転職した『バイク屋喜蔵』って、竹永さんも勤めていたことのあるところだよね」

「ええ。どうにも我慢できなくて、1カ月で辞めましたけど」

「えっ、どうして？」

「まず、社長がワンマンなくせに、仕事をしないんですよ。社員もその社風に引きずられて、誰も片づけたり、掃除をしたりしないので、すごく雑然としているんです」

「そうなんだ……」

「あと、誰もお金のことを気にしないし、それぞれが自分勝手で、コミュニケーション取れないし……」

「木村も苦労してなけりゃいいなあ」

☑ 弱者の戦略

本書での「強者」とは、市場占有率1位（26・1％以上）で、2位との差が1・7倍以上のものを指します。

つまり、世の中の企業の99％が「弱者」なのです。読者の皆さんの会社も、例外ではありません。

そこで、**弱者の戦略**を少し整理して書き出してみましょう。

- ◉弱者は差別化をする、人と違うことをする、その勇気をもつ。
- ◉弱者は小さな領域で№1を目指す、1位になれるまで細分化する、部分1位を目指す。
- ◉弱者は一点集中する、ほかのことをやりたくなる誘惑に負けない。
- ◉弱者は狭く、深く穴を掘る。深めれば広がる。
- ◉弱者は局地戦で戦う、戦場を広げない、まず移動半径30分が目安、大都市に出ない。
- ◉弱者は接近戦で戦う、訪問し近くに寄ってふれ合う、接触頻度を上げる。

◉弱者は一騎討ちをする、1人ひとり丁寧に対応する、「皆さん」と言わずに「あなた」と言う。

◉弱者は全体兵力が劣っていても、局地戦で兵力が優れていれば強者になれる。

◉弱者は強者との戦いを避ける、より弱者と戦う、激戦地区に入らない。

◉弱者は敵の強いところを攻めない、弱いところ、盲点・死角を攻める。

◉弱者は特定の強い商品で戦う、そうすれば強者にも勝てる。

◉弱者は特定の得意先に一点集中する、そうすればその得意先で強者に勝てる。

◉弱者は勝ちやすきに勝つ、競合相手がいないところで静かに戦う。

◉弱者は万人受けを狙わない、たとえば35歳独身女性向けの限定商品くらいに絞り込む。

◉弱者は大きく始めない、小さく小さくテストをくり返す。

◉弱者はあきらめずに小さな1位を積み重ねる、その集積が大きな1位になる。

◉弱者はあせってホームランを狙わない、バントの積み重ねが一番効果的で最速。


すべての事業が圧倒的No.1ばかりであるリクルートの江副浩正氏は、「No.1主義」「同業間

競争に敗れて２位になることは、われわれにとっての死である」といっています。**1位以外は死を意味する**と。

初めからNo.１だったわけではないのです。ゼロから事業を立ち上げるときに、No.１になると決めてから始める。その気持ちがリクルートをNo.１企業にしたともいえます。弱者が心すべき言葉です。

☑ よい経営のための3つの秘策

よい経営を行う秘策は、３つあります。

❶掃除、❷数字を毎日見て、月次報告書を作ること、❸社員と飲みに行ったり、コンパを開いたりすることです。

《❶ランチェスターを学びたかったら掃除をしなさい！》

掃除がランチェスターとはどういう意味か？

じつは掃除こそが、ランチェスター戦略を身につけるときに、一番役立つものなのです。

なぜなら、「特化する」こと、「やらない決断をする」ことを学べるからです。

まんがの物語の中で述べているように、掃除のポイントは3つです。

①範囲を限定する

②時間を限定する

③一点集中する

つまり、範囲と時間を限定して一点集中することで、成果が出るのが掃除です。

掃除は、面倒くさいものです。「いつかやろうと思っている、でもなかなか始められない。だから成果が出ない」ということがよくあります。そのときに効果的な方法が、この**範囲と時間を限定する**ことです。机の上だけ（30cm四方）と範囲を限定し、5分だけやる！とすればやる気になります。つまり、大きなものを小さく分解するのです。

そして、**目の前にあるそのことだけに特化**して、一点集中をする。そうすれば取りかかりやすく、すぐできて達成感がある。そしてまた明日もやろう！　と思える、だから続けられる、という**いいサイクル**になります。

そして、この「掃除」という言葉を、「仕事」に置き換えても、まったく同じことがいえます。

仕事をするときに「めんどくさいなぁ」と思ったら、「ここの部分だけ、5分だけやってみよう！」とさっと手をつけると、思った以上にカンタンに解決するものです。

そして、やるとなったら一点集中。目の前のことを全力でやる、当たり前のようで、なかなかできないのです。毎日やる習慣がついていないと、いざというときにできなくなります。

スマホが気になったり、上司の目が気になっていたりしたら、仕事はうまく進みません。

気持ちが分散してしまうからです。

そうではなく、5分だけでいいので、目の前のことだけに一点集中する習慣をつけることです。

《❷数字を毎日、見る》

数字を毎日、見ることが大切です。

その理由は、数字に慣れ、数字に敏感になり、数字がわかるようになるからです。

多くの中小企業の経営者は、数字に弱く、苦手です。なぜなら、毎日見ていないからです。いい経営者ほど、毎日数字を見ています。

数字を毎日見るといっても、大変なことで

はありません。誰でもできます。なぜならば、**いくつかのポイントだけに絞って見ればいい**からです。

たとえば、**売上、粗利、顧客数（出荷数）**など3つだけに絞って、その数字だけは毎日見るようにする、これならできる。年商365万円の会社なら、毎日1万円ずつ売れている。だから、今日の日商が1万円あれば○、なければ×としてチェックをすればいいのです。そうすれば、毎日、数字を見ることが苦でなくなるはずです。

ここでも**絞り込み**が大切です。すべての数字を1度に見ようとしたらイヤになってしまいます。そうではなく、**会社の経営に直結する一番大事な指標だけは、毎日見る**、そこから始めてください。どんぶり勘定といわれる大雑把な捉え方ではなく、1つひとつを丁寧にやる、まず小さく始めてみることが大切です。

安心してください！　中小企業の90％の社長は数字に弱いです（笑）。だから、あなたがやりさえすれば90％の社長に勝てる。赤字になって大慌てしてやるより、すぐやり始めることが大切です。

だから、今日からやれば大丈夫！　弱者はコツコツと小さく始めることです。

《❸社員と飲みに行く、コンパをする》

時々は、社員と飲みに行ってください。なぜそれが必要なのか？

それは、社長と社員の間の人間関係を作り、コミュニケーションを取るためです。

京セラの創業者の稲盛さんは、盛和塾という経営者のための勉強会でよくこのコンパを勧めていました。そして、盛和塾でも必ず、講演会・勉強会の後にコンパをやっていました。一杯飲むことでお互いに胸襟を開き、お互いの気持ちがわかるようになります。

「まあまあ、飲めよ」「ありがとうございます」というそのやり取りだけで、人は嬉しいと思うのだ、という話をよくしていました。私もそのとおりだと思います。

私自身も稲盛さんからおちょこで日本酒をついでもらったことを、昨日のことのように覚えています。「あの稲盛さんから！」と感激して、とても嬉しかったからです。

エスキモーの村に行くと、アザラシのなま肉を出されて、それを食べれば仲間、食べなければ仲間ではない、と判断するという話があります。

つまり、人は同じものを食べ、同じものを飲んだ人を仲間と認める、根源的な意識があるのだと思います。

だから、１回も飲んだことのないような社長と社員の関係だと、思いが通じず、言葉が通じなくなってしまうのです。たとえ、素うどん一杯でもいい、**一緒に食べ、社員に社長の思いをきちんと伝えなさい**、と稲盛さんはよく言っていました。

考えてみてください。あなたが社員で、会社を辞めたいと思ったときに、そのことを相談するのは、よく一緒にご飯を食べに行ったり、遊んだりした人ではないでしょうか？

もし、あなたが社長であるならば、そういった社員の心、人生の機微をわかるようになることが大切です。

そして、その第一歩が、一緒に食事をする、一緒に飲みに行く、コンパをすることだと思います。

ビジネスだけの関係で本音を言えるほど、人間は機械

的ではありません。人間はやはり動物です。感情の動物です。だから、やっぱり人の好き嫌いがある。そして、その好き嫌いは、その人と一緒に過ごした時間と比例する。特に日本人は、義理と人情を大事にする民族です。

「そんな昔ながらのやり方なんて、今は通じませんよ！」と思うかもしれません。ですが、ウェットな人間関係を楽しみながら、仕事をすることにトライされてもいいと思います。

☑ 月次報告書の具体的な作り方

中小企業の経営者には、**月次報告書**を作ることをお勧めしています。

その理由は、月次報告書を作ることで、自分の会社の状態をハッキリと知ることができるからです。それも、**具体的な「数字」をきちんと把握すること**がとても重要です。

人が健康診断をするように、会社では月次報告書を作ると考えます。飛行機が計器板を見て操縦をするように、月次報告書を作ることで会社をキチンと操縦するのです。

<table>
<tr><td colspan="2">月次報告書</td><td colspan="3">10月度</td><td colspan="3">ユーネット</td><td>佐藤翼</td></tr>
<tr><td rowspan="13">❶総括</td><td>結論PREP</td><td>計画</td><td>昨年</td><td>実績</td><td>計画比</td><td>昨年比</td><td>結論</td><td>ポイント・総括</td></tr>
<tr><td rowspan="4">売り上げ</td><td rowspan="4">4210万</td><td rowspan="4">3660万</td><td rowspan="4">4450万</td><td rowspan="4">105.7%</td><td rowspan="4">121.6%</td><td rowspan="4">○</td><td>ポイント
送料値上げに伴い、受注数の減少</td></tr>
<tr><td>総括
過去3カ月対比+120%</td></tr>
<tr><td>つまり
送料値上げにより直近の伸び率が減少</td></tr>
<tr><td></td></tr>
<tr><td rowspan="4">粗利</td><td rowspan="4">1670万</td><td rowspan="4">1460万</td><td rowspan="4">1530万</td><td rowspan="4">91.6%</td><td rowspan="4">104.8%</td><td rowspan="4">△</td><td>ポイント
受注減少にスタッフで対応を行った</td></tr>
<tr><td>総括
売り上げ向上&在庫処分で利益率減少</td></tr>
<tr><td>つまり
送料値上げの対策を練るべきだった</td></tr>
<tr><td></td></tr>
<tr><td rowspan="4">出荷数</td><td rowspan="4">15,500</td><td rowspan="4">14,000</td><td rowspan="4">15,000</td><td rowspan="4">96.8%</td><td rowspan="4">107.1%</td><td rowspan="4">△</td><td>ポイント
国内メーカーの出品状況を確認</td></tr>
<tr><td>総括
不良在庫の価格調整を実施</td></tr>
<tr><td>つまり
出荷数減少に歯止めがかかった</td></tr>
<tr><td></td></tr>
<tr><td rowspan="3">❷ポイント</td><td colspan="2">結論（事実・感想）</td><td colspan="3">5W2H「理由」</td><td colspan="3">「具体例」＝ 事実・数字・社名</td></tr>
<tr><td colspan="2">予想外の受注、
高利益受注
炭ハサメール</td><td colspan="3">炭ハサメールは9月需要が高まることがわかった。</td><td colspan="3">炭ハサメールは9月10月と向上、8月対比3.7倍</td></tr>
<tr><td colspan="2">今月の改善点
自社製品・WW社製品の販売強化</td><td colspan="3">利益率が高い商材が多く在庫切れの心配がないため。</td><td colspan="3">WW社製品の売り上げ推移
（昨年10月111件779千円・粗利509千円）
（7月121件747千円・粗利403千円）</td></tr>
<tr><td rowspan="2">❸方針</td><td colspan="2">結論（決意）</td><td colspan="3">5W2H「理由」</td><td colspan="3">5W2H「具体例」＝ 事実・数字・社名</td></tr>
<tr><td colspan="2">防寒グッズ登録</td><td colspan="3">季節ものの取り扱い</td><td colspan="3">3社（R&R社・B社・H B&D社）
毎日1時間5アイテム登録</td></tr>
<tr><td rowspan="2">❹行動計画</td><td colspan="2">方針（5W2H）</td><td colspan="3">だれに、なにを・重点化</td><td colspan="3">どうする（やらないこと）</td></tr>
<tr><td colspan="2">毎日1時間
5アイテム登録</td><td colspan="3">誰に：男性ユーザー・高単価購入層
何を：防寒ウエア関連</td><td colspan="3">メールマガジンを楽市5万人・ヤホーユーザー2.7万人</td></tr>
</table>

▲月次報告書の例。

上場企業であれば毎月、必ず月次報告会があり、Plan Do See をしています。しかし、中小企業ではほとんどやりません。社長1人が会社の状態をわかっている「つもりになっている」だけで、実際にはほとんどわかっていないことが多いのです。

『ファクトフルネス』というベストセラー本に書いてあったように、事実（ファクト）を正確につかむことが大切です。

たとえば、①売上額、②粗利額、③顧客数の3つの数字と、対前年の伸び率。この数字を即座に回答できる社長は99％いません。

ということは逆に、この数字を即座に回答できる社長は、いい経営をしている1％になれる。だからまずやればいい！

また、月次報告書に関しては、Plan Do See ではなく、**Do See Plan が正しい**ことも知っておきましょう。

Do　＝やった事実を、数字で確認する。
See　＝よかったのか悪かったのか振り返り、改善点を見つける。
Plan ＝次にどんなことをすればいいか、計画し実行する。

☑毎日の積み重ねが毎月を作る

月次報告書を作るのは、じつはカンタンなのです。毎日、数字を見ることから始めればいいのです。

毎日やれば、毎週やるのはカンタンです。なぜなら、毎日やっていれば、週末には1週間分ができあがるからです。そして毎週やっていれば、毎月の月次報告が月末に自然にできあがる状態になります。

つまり、一番大切なのは毎日、必ず、数字を見ることです。

言われれば当たり前のことですが、それができていない人が多いだけです。やればカンタン！　誰でもできるようになり、業績が上がります。

私が今まで会ってきたたくさんの経営者が、業績を改善してきました。会社をよくする第一歩は、**売上、粗利、顧客数を見る、振り返る、改良改善する**。それを**毎日、延々とくり返す**ことです。

そして、日にちを決め、定期的に月次データを報告する相手がいると、さらによくなります。

☑ 管理会計と財務会計の違い

会計がわからなければ経営はできない。でも、会計がわかっただけでは経営はできない。

つまり、会計は経営の必要条件ですが、十分条件ではないのです。会計は大切ですが、それだけではダメです。それでも、**管理会計と財務会計**の違いは理解しておくべきなので、カンタンに下の表にまとめました。

経営者は、管理会計に強くなることです。

財務会計は必要ですが、経営者にとっては、管理会計がわかることが先決なのです。

財務会計について詳しく学ぶのは、あとでもかまいません。それより先に、**毎日の売上**

	誰のためか	頻度	目的	スピード
管理会計	自社	毎日 (毎週・毎月・毎年)	次の一手 業績改善	早い
財務会計	外部 (国・税務所)	年1回 年度末	納税	遅い

管理会計 ➡ 早い、自分のため、すぐやるためのもの

財務会計 ➡ 遅い、他人のため、ゆっくりやるもの

▲管理会計は、会社をよくするためのもの。財務会計は、国家をよくするためのもの。

げ、経費、粗利、1人当たり粗利、顧客数などの会社をよくするために必要な数字を「毎日」確認することが大切です。

「中小企業の経営者の9割が決算書を読めない」ともいわれますが、会計は必須課目です。難しいことではありません。まず、毎日、売上数字を見ることから始めてください。

大丈夫です！　必ず、できるようになります。

面倒くさがらずに、今日から、やることです。

☑ 経営理念とは何か？

「経営理念が大切」ということが、よくいわれます。しかし、経営理念とはいったい何なのでしょう？

経営理念とは、シンプルにいえば「**事業を行う上での考え方**」です。

まず、理念、理念と念仏のように唱えることをやめ、本質的に言葉の意味を考えてみましょう。

「経営」とは、事業目的を達成するために事業をすることです。また、「理念」を辞書で引くと、次のようにあります。

1　ある物事についての、こうあるべきだという根本の考え。
2　哲学で、純粋に理性によって立てられる超経験的な最高の理想的概念。

理：すじ、ことわり、きめ
念：心中深く思うこと

これより、「経営理念」とは、**事業をする上で、深く思うすじ・きめごと**と解釈できます。強き思想、強い思いが込められたものです。

また、経営理念に込められた思いの強さの度合いが、仮に3段階あるとして、

レベル1＝少し思っている
レベル2＝強く思っている

レベル３＝とても強く思っている

というふうにレベルをつけると、レベル３の強さをもつものこそが、本物の理念です。

しかし、残念ながら世の中には、レベル３にまで達した強い経営理念をもっている会社は少ないと、いわざるをえません。

☑ 社是、社訓、信条

では、「経営理念」と似た意味合いの、**社是、社訓、信条**といった言葉は、どんなニュアンスをもっているのでしょうか。

辞書を引くと、次のように出てきます。

社是＝会社の経営上の方針・主張。また、それを表す言葉。
社訓＝その会社で、社員が守るべき基本的な指針として定めてあること。
信条＝自分の行動の指針として、かたく信じて守っているもの。条文、教義。

これを踏まえて、次のように考えるとよいでしょう。

社是＝会社での正しいとされること（是）
社訓＝会社での教え（訓）
信条＝会社での教義、道理（条）

☑ミッション、ビジョン、バリュー

また、「経営理念」をミッション、ビジョン、バリューと3つに分ける考え方もあります。

ミッション＝使命、事業の目的、意義。何のために経営をするのか？
ビジョン　＝志、将来像、目標。どうなりたいのか？
バリュー　＝価値観、判断基準。どういうルールをもつのか？

本質的には、これらの言葉の細かい定義よりも、社長が経営に対する考え方をハッキリもつことのほうが大切ではありますが、１つずつ見ていきたいと思います。

《ミッション（事業の目的、意義）》

稲盛和夫氏の「経営の原点12カ条」の一番初めは、「事業の目的意義を明確にする」です。つまり、何のために経営をするのかをハッキリさせることが、一番大切だといっているのです。

もし、「オレが金儲けをするために会社をやっている」と考えているのであれば、目的は金儲けであり、社員は金儲けの道具にすぎません。しかし、社員を幸せにするのが目的であれば、会社は社員を幸せにするための手段になります。このように、社員の位置づけが１８０度違ってきます。

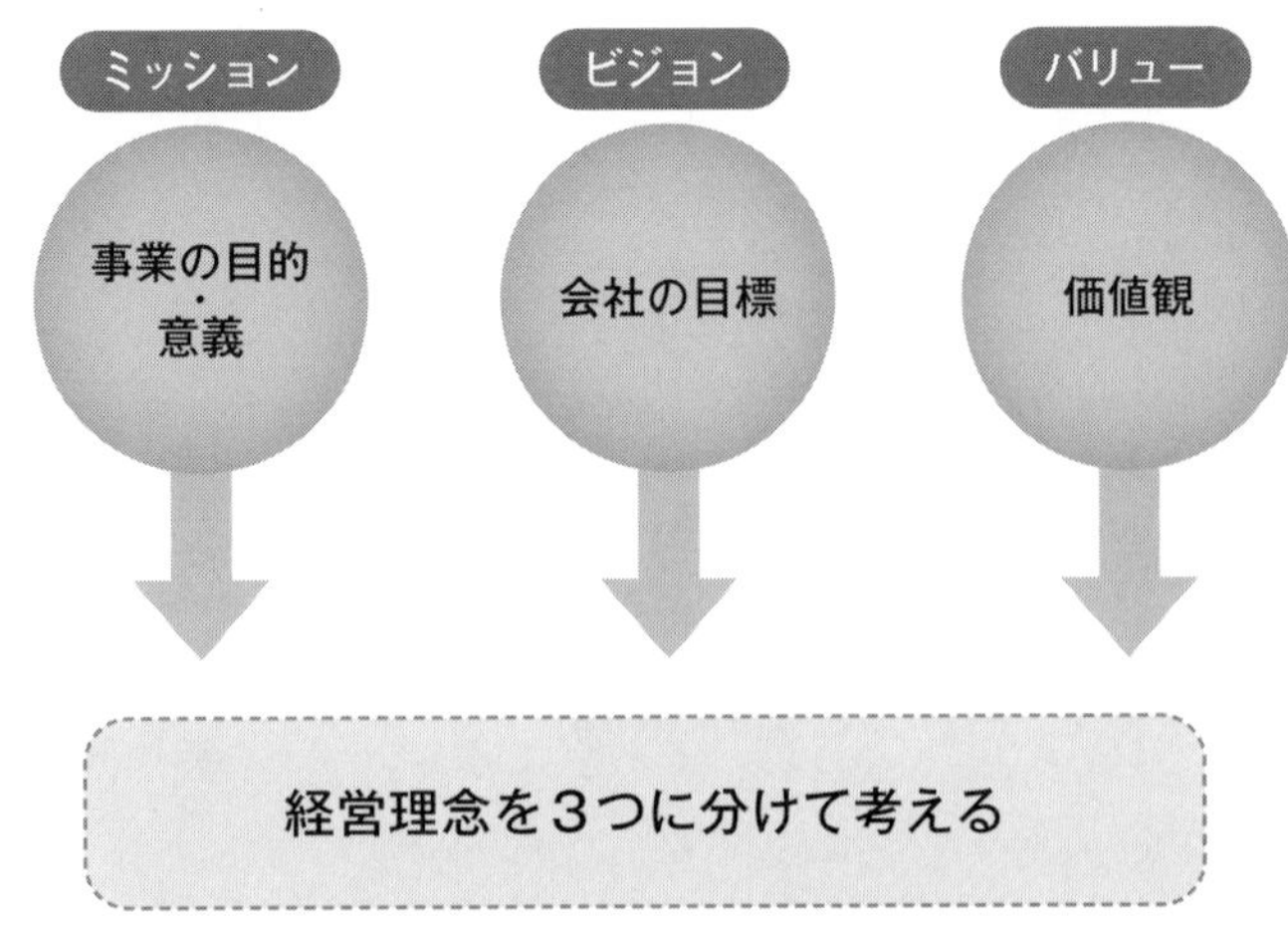

▲社長が、経営に対する考え方をハッキリもつことが大切。

また、事業の目的意義がハッキリしていないと、社員が何のために働いているのかがわからなくなり、モチベーションが上がらなくなってしまいます。

《ビジョン（会社の目標）》

次に、この会社をどうしたいのか？　どうなりたいのか？　という目標が大切です。

全社員でその目標を共有することによって、会社のベクトルが合うからです。

まったく同じ組織であっても、目標が共有されている組織とそうでない組織との差は大きく、結果の差が2倍以上になることがあります。

だから、ビジョン、目標というものを共有することが組織にとって重要です。

《バリュー（価値観）》

バリューとは、判断基準でありルールです。

売上を重視するのか、利益を重視するのか？　No.１になる商品を優先するのか、そうでないのか？

――このように、**あらゆる局面において、経営とは判断の連続**です。

その**判断の基準**がハッキリしていることが、経営の効率を高めます。多くの社員の迷う時間を減らすことができるからです。

また、**組織における基本的なルールを決めておくこと**はとても重要です。

同じスポーツでもルールが変われば結果が変わるように、会社の中でも判断基準・ルールによって結果が大きく違ってきます。

さらに、同じ組織の中でも、職場によって判断基準が異なると、結果が違ってくるだけではなく、組織の中に不満が生じ、組織がバラバラになってゆく原因になります。「これって、隣の部ではOKなのに、ウチの部では許可されないの？　ひどいな～」というように。

☑ 経営の3つの目的

❶人間性の追求
❷社会性の追求
❸経済性の追求

経営理念は、究極的に、この3つに集約されます。そして、この順番も大切です。

一番は人間性の追求です。そこで働く人が幸せであること。「この会社で働けてよかった。人間的にも成長できたし、経済的にも豊かになれた」と社員に言ってもらうことです。

2番目が社会性の追求。つまり世のため人のために役に立つということ、仕事を通じて社会に貢献をしていることです。

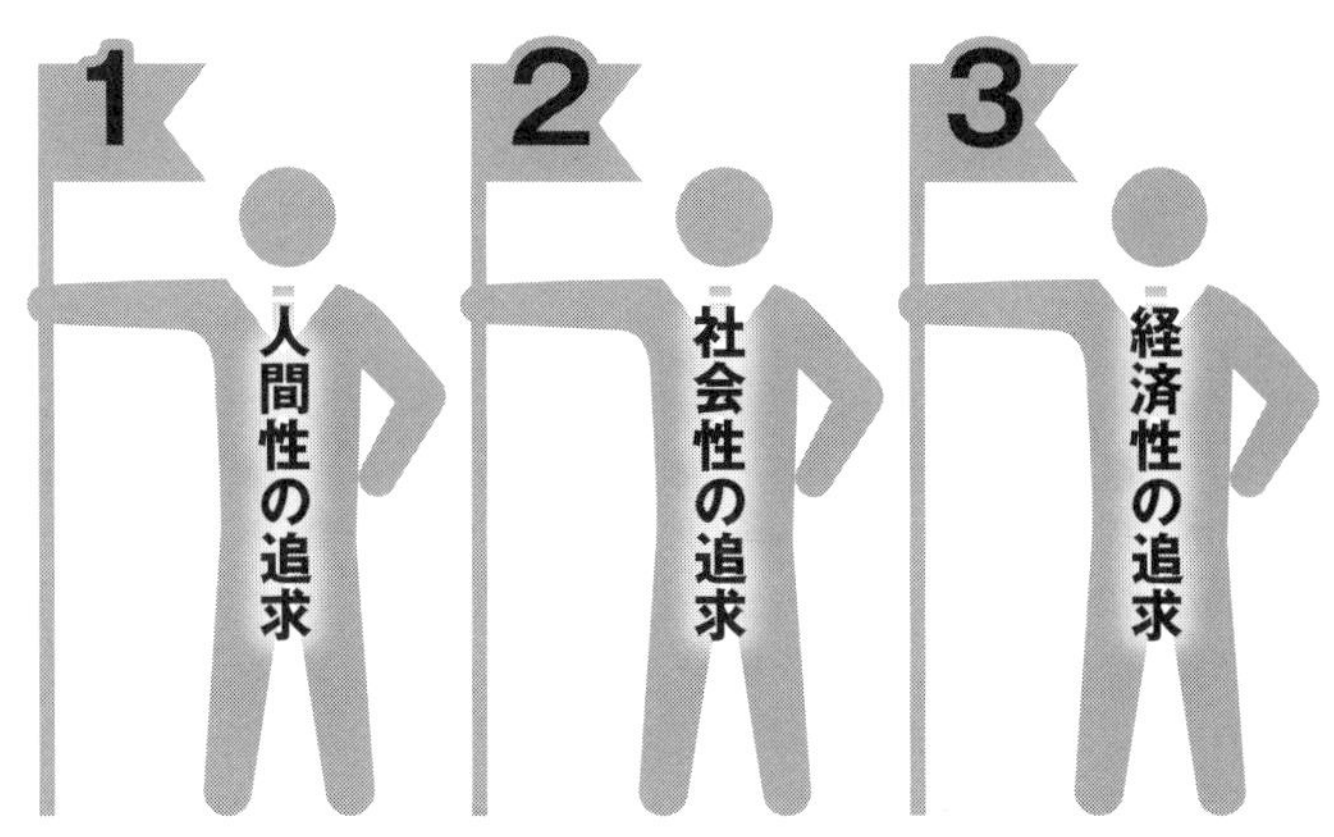

▲経営の３つの目的。その優先順位を間違えてはいけない。

３番目が経済性の追求。売上を立て、利益を出し、社員に給料を払い、未来への投資をして、国家に税金を納めること。そのお金で国が繁栄をすること。道路が作られたり福祉に使われたりして、社会の役に立つことです。

「全従業員の物心両面の幸福の追求と人類社会の進歩発展に貢献する」これ以外に、企業の目的はないと私は思っています。

（稲盛和夫）

「事業体とは何か」を問われると、たいていの企業人は「利益を得るための組織」と答える。たいていの経済学者も同じように答える。しかし、この答えは、間違いであるだけではない。的外れである。

（P・F・ドラッカー）

稲盛和夫氏は社員を幸せにすること、そして、世の中の役に立つことが企業の目的であるといっています。つまり、❶人間性の追求と、❷社会性の追求です。

ドラッカー氏は、顧客に貢献するのが企業の存在意義であり、その顧客を創造するのがビジネスの目的である、と述べます。つまり、❷社会性の追求です。利益は備えであり、投資費用であり、事業の有効性を測る物差しである、といいます。❸経済性の追求です。「会社の目的は利益を上げること」との考えは間違いであり、的外れだといっています。

☑ 経営者にとって最も大切なものは何か？

「経営者にとって最も大切なものは真摯さである」「仕事とは人格の延長である」とド

ラッカー氏はいいます。

仕事とは生き様そのものであり、品性が出るものです。日頃、ズルをして生きている人が、仕事のときだけ正直になれるはずがありません。

だから、ビジネスでNo.１を目指すなら、日頃からNo.１にふさわしい考え方、経営理念、フィロソフィをもつことが必要です。

「**一流の戦略で二流の実行より、二流の戦略で一流の実行**」という言葉があります。つまり、No.１になろうとして、ランチェスター戦略だけを駆使しても上手くいかないのです。実践しなければいけない。実行力が必要です。

そして、その実行力をもち続けるためには経営理念、フィロソフィが必要なのです。その経営理念は、**「毎日」の小さな実行**が作り上げていきます。

今までできなかった過去はどうでもいい。未来を心配しなくていい。だから、今日、この場で、No.1にふさわしい行動をすることがNo.1への第一歩です。頑張ってください！

まず、1日、そして1週間、そして1年、続けることです。

第4章 社長の成長が社員の成長

A small company can beat a big one.

辞表
──そして
ゴクリ。
その瞬間は突然やってきた
短い間でしたがお世話になりました
まっ
まあここじゃなんだから
外でちょっと話そうか
cafe
……
……
ごく…
ごく…

ぐっ
あっ　あのっ…
メリー・ポピンズって知ってる？
ええっ？
あっ…はい
まあ…
…子どもの頃
学校の図書室に童話シリーズがそろっていてね…
それからしばらくハマっちゃったんだ
背筋がピッと伸びて
ビシッと的確なことを言う
その上　ユーモラスな魔法が使える…
そんなとても優しい家庭教師がカッコよくって…
まあ！
男の子は普通もっと勇ましいものにハマるものだと思ってました
戦隊ものとか…
クス…
なんか似てるんだよ君に！
私にですか？

あははは
ないないない！
そんなりりしい
女性じゃない
ですよ
私はただの
ヘタレです
えっ
君が
ヘタレ!?
いや
だって
自信満々に
ランチェスター理論
を教えてくれた
じゃない？
――あれは
ほとんど
祖父の
受け売りです
…祖父は
小さな地方都市で
会社をおこし
ましたが
まずは
その地域の
中でのNo.1を
目指し
次に
市 県 圏域
日本 アジアと
No.1を重ねて
会社を
大きくして
いきました
初めは
弱者の戦略を
駆使し
今は強者として
産業界を
けん引している
バリバリの
現役経営者です

祖父は最初 父を後継者にと 考えていましたが
父はその器では ありませんでした
そこで私に お鉢が回って きたんです
いきなり 大きすぎる期待を 背負わされて
猛勉強 しました
大企業への就職は 強者を学ばせるため
職歴
(株)トシマ自動車
就職
あまたの 中小企業を 転々と してたのは
そこで 経営実験を させるため——
すべては 祖父の思惑です
で…でも 君はあんなに 楽しそうに——
ポタッ
…そんな中

佐藤社長と出会ったんです
初めはやっと自由に実験できるなんて思ってました
でも社長から経営の悩みを打ちあけていただくうちに
私も変わってきたんです
どうしたらいいか本気で悩みました
ぽろ
ぽろ
祖父に相談したりたくさん本を読んだりして
出た答えを伝えはしましたが
それを実行に移して突破したのは社長です
人格を上げることが経営者を大きく成長させる次のステップなんだと
教えていただきました！
…いやこちらこそありがとう

で　これから
どうするの？
そのおじいさんの
会社で手腕を
振るうの？
自分なりに
精一杯
あがいてみます
そうしなければ
ならない
状況ですが
このまま
祖父の敷いた
レールに乗る
だけでは
嫌なんです
そして
ゆくゆくは
自分で考えた
事業を1から
立ち上げて
軌道に乗せたいと
思っています
なるほど
君も
次のステップに
行くということか
それで
その事業…
会社かな？
どんなことを
やるつもり
なんだい？
秘密です
ガーン
えっ

社長からヒントをいただいた事業ですよ
いずれユーネットとWin-Winの関係になるのが目標です
そっか…
よし！
じゃあ オレも君の新しい会社に相手にされるようになっていかないと！
No.1を重ねていけるように頑張るよ
あ！
でもあまり手広くやってはダメですよ
絞り込みも忘れないでください
炭ハサメールといえばユーネット
この「～といえば」が肝要です
ああそうだね
またそういった差別化した商品も考えていかないと！
まだまだやりたいこといっぱいだな
──頑張りましょう
お互い
にこっ

ああ！
カタカタ…
ユーネット
バイク用品
ユーネット
――その後
トイレ掃除を
含めて
会社の清掃・整理は
社員の持ちまわりとなり
社員すべてに
自分たちの会社を
よくしたいという
意欲が芽ばえた
会社を
よくするために
皆が自発的に行動を
起こす習慣が
できあがっていた――

コツ…
竹永さん
…社長…
みなさん…
ばさっ
ありがとう
にこ…

コツ
コツ
…ありがとう
ポピンズ先生——

――一点集中で
商品を絞り込む
販売方法が定着し
売り上げは
右肩上がりに
なって
会社は
活気づいてきた
竹永さん！
またいつでも
遊びにきて
くださいね！
彼女にうながされ
ひねり出した
会社の経営理念
「心を動かす
ことづくり」が
心の中で
しっくりいき
心の穴が
埋まっていく
実感を得た
…行っちゃったな
――ああ

掃除
帳簿
戦略
エトセトラ…
毎日
1時間
まずは
1年間は
続ける
ぶれない軸をもって
やり続ける
人生も
会社経営も
まだまだ
これからだ――

小が大に勝つには、経営者の人格を上げることが、次のステップ

「かくして夏の暑い日、アスファルトに湧き上がりたゆたう陽炎の向こうへと、日傘を差したその女性は立ち去って行った。僕たちの心に甘い痛みを残して……」

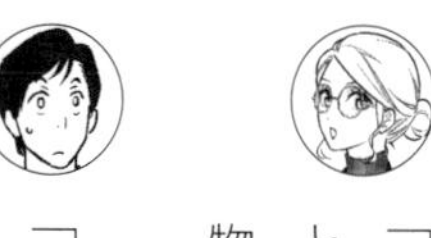

「……あの社長、妄想に浸っているところ、申し訳ありませんが、忘れ物を取りに戻りました」

「あ……ああ」

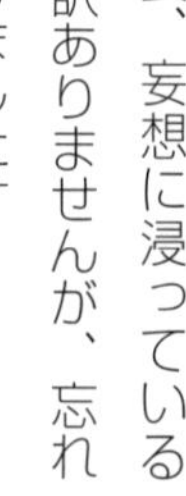

「人格を上げることが、どうして会社経営に直結するか、おわかりですか？」

「まあ、何となく……」

「ワンマンで強欲全開、そんな社長で、会社がよくなるわけありません。では、いい会社、いい社長とは、どういうものか、実例を交じえてお話しします」

☑ 人格を上げることについて

人格を変える方法は、大きく分けて２つあります。

１つ目は、**大きなショックに出会うこと**。大病や倒産、戦争などのマイナスの出来事です。

２つ目は、**小さなことを毎日、コツコツとやり続けること**。

大きなマイナスの出来事に出会うよりは、小さなことを続けるほうがいいですよね。

アメリカの心理学者ウィリアム・ジェームズの有名な言葉があります。

心が変われば行動が変わる。

行動が変われば習慣が変わる。
習慣が変われば人格が変わる。
人格が変われば運命が変わる。

これを逆にいえば、人格を上げるためには習慣を変える。習慣を変えるためには行動を変える。行動を変えるためには心を変える、となります。

ここで、「心」を**経営理念**、「行動」を**経営戦略**、「習慣」を**業績**と読み替えたら、こういえます。

経営理念が変われば経営戦略が変わる。
経営戦略が変われば業績が変わる。

❶毎日５分会社の掃除をする

これを３年間続けると
５分×365日×３年＝5475分＝91時間

１日８時間働くとすると
11日分になる

❷

何か長く続けていることはありますか？

私は毎日会社の掃除をして３年になります

▲毎日５分、１つでいいので、人のためになることをやり続ける。

業績が変われば人格が変わる。
人格が変われば運命が変わる。

だとしたら、人格を上げるためには、経営理念のレベルを上げる必要があります。経営理念のベースとなる考え方、心を変える必要があります。そして、行動を変え習慣を変えます。また、毎日の行動、習慣を変えることで、考え方も変わり始めます。だから、まずは毎日の行動を変えるのです。

具体的には、毎日、**❶掃除をして、❷数字を見て、❸社員と一杯飲む（コンパ）**です。

❶掃除をするのは、自分自身の行動を見直す行為。掃除を通じて人のために尽くす。「利他行」をすることで、自分の気づくレベルを上げるのです。

❷数字を見るのは、経営の外の側面。数字を通じて自社を把握し、お客様に思いを寄せます。

❸社員と一杯飲むのは、経営の内の側面。社員に思いを寄せ、感謝し、サポートするようにします。

毎日やり続けることで、継続力が上がります。こういった、毎日の小さな1つひとつの行動を変えれば、習慣が変わります。

行動を変え、習慣を変え、同時に考え方も変える。これが、人格を変えていく方法です。

☑ 経営理念には人生観が必要

経営理念には、**経営観**、**労働観**、**人生観**が含まれます。

つまり、「経営とはどういうものか」「労働とはどういうものか」「人生とはどういうものか」についての考えをもっていなければならないのです。たとえば、「経営の目的は、人を幸せにし社会に貢献し利益を出すことである」というように。

では、「**人生の目的とは何か?**」

稲盛和夫氏はこう答えます。「**心を高める**」ことであると。

言葉を変えて表現すると、**自立**、**成長**、**貢献**ともいえます。まず、経済的、精神的に自立する。その上で、昨日の自分を超える、成長すること。そして、世のため人のために尽く

すこと、貢献、**利他**です。

稲盛和夫氏は京都賞の理念の中で、「世のため人のために尽くすことこそが人間としても最高の行為と信じて」と述べています。その価値観に基づいて京都賞を作ったのです。

このように、**いい組織運営をするには、いい人生理念が必要となる**わけです。

☑ニッチトップこそランチェスター

「すき間」「壁の凹み」「巣（ネスト nest）」を意味する、ニッチ（niche）という言葉があります。ニッチマーケット、つまり「すき間市場」「小さな市場」こそ、中小企業の主戦場です。売上100億円くらいまでの中小企業は、まずこのニッチ市場でNo.1になること。つまり**ニッチトップ**を目指すことが大切です。

ランチェスター戦略の究極のエッセンスは、「弱者は差別化して、一点集中して、No.1」です。ここで最も重要なのは、No.1を目指すこと、つまり、目標をNo.1に設定することであり、そのための手段が、差別化と一点集中です。だから、**どんな小さな市場、どんな小さな商品、どんな小さなエリアでもいいから、No.1になる。**これが大切です。

「また同じことをいっている」と、この文章を読み飛ばさないでほしいのです。「No.1になる」と心から思ってほしいのです。「このエリアでNo.1になる！」と目標設定をしてほしいのです。そして、全社員と共有してほしいのです。

まず思うこと、そこから始まります。そして、**口に出すこと、紙に書き出すこと**です。それは、「○○でNo.1になる!!」ということです。うまくいっている経営者ほど、「No.1になる！」と思い、それを口にしています。うまくいっていない赤字の経営者ほど、そういう思いがない。「ウチの会社はだめだなぁ……」と、漠然と愚痴を言っている。あなたが経営者であれば、今すぐに、「○○でNo.1になる!!」と、大きく紙に書き出してみてください。

☑上場企業の中でランチェスター経営をしている会社の紹介

２０２０年１月現在上場企業の会社数は３０７２社。その中で、差別化と一点集中によってNo.１になっている会社を調べてみました。

❶経常利益率が10％以上（収益性が高い）、❷自己資本比率が50％以上（借入が少なく安全性が高い）の成長企業です。

売上が１００億円、経常利益率が10％で、経常利益額が10億円。これを10年続ければ１００億円の利益が出る。しかし現実

	経営利益率	自己資本比率	総売上
キーエンス FA センサーなど制御機器製造	54.3%	94.4%	5,870 億円
ニトリホールディングス 家具・インテリア	16.9%	80.7%	6,081 億円
エムスリー 医療従事者向け情報サイト	26.5%	74.6%	1,130 億円
マニー 医療用器具製造	30.6%	88.7%	183 億円
弁護士ドットコム 弁護士向け Web 営業支援	16.1%	82.9%	31 億円

▲ 2020 年 2 月現在／有価証券報告書より。

には、税金を50％支払い、残りの50億円が自己資本に入ります。だから大雑把にいうと、自己資本と同じ額だけ税金を払い、その2倍の経常利益を出してきたといえます。手を広げず、1つの事業に特化して深く穴を掘り、そこから隣の事業に広げていくような会社が高収益であり、安定性が高くなっています。前ページの表で何社かご紹介しますので、興味があればご自分で、さらに詳しく調べてみてください。

☑「嫌われる勇気」はランチェスター

近年、「**嫌われる勇気**」という言葉が話題になっていますが、これはランチェスターそのものです。

なぜなら、万人受けを狙わないから、全員に好かれようとしないからです。

皆に好かれようとするから誰にも好かれない、万人ウケを狙うから特徴がなくなるのです。「嫌われてもいいからこれをやろう」「あれこれやらずにこれだけやろう」と、やらない

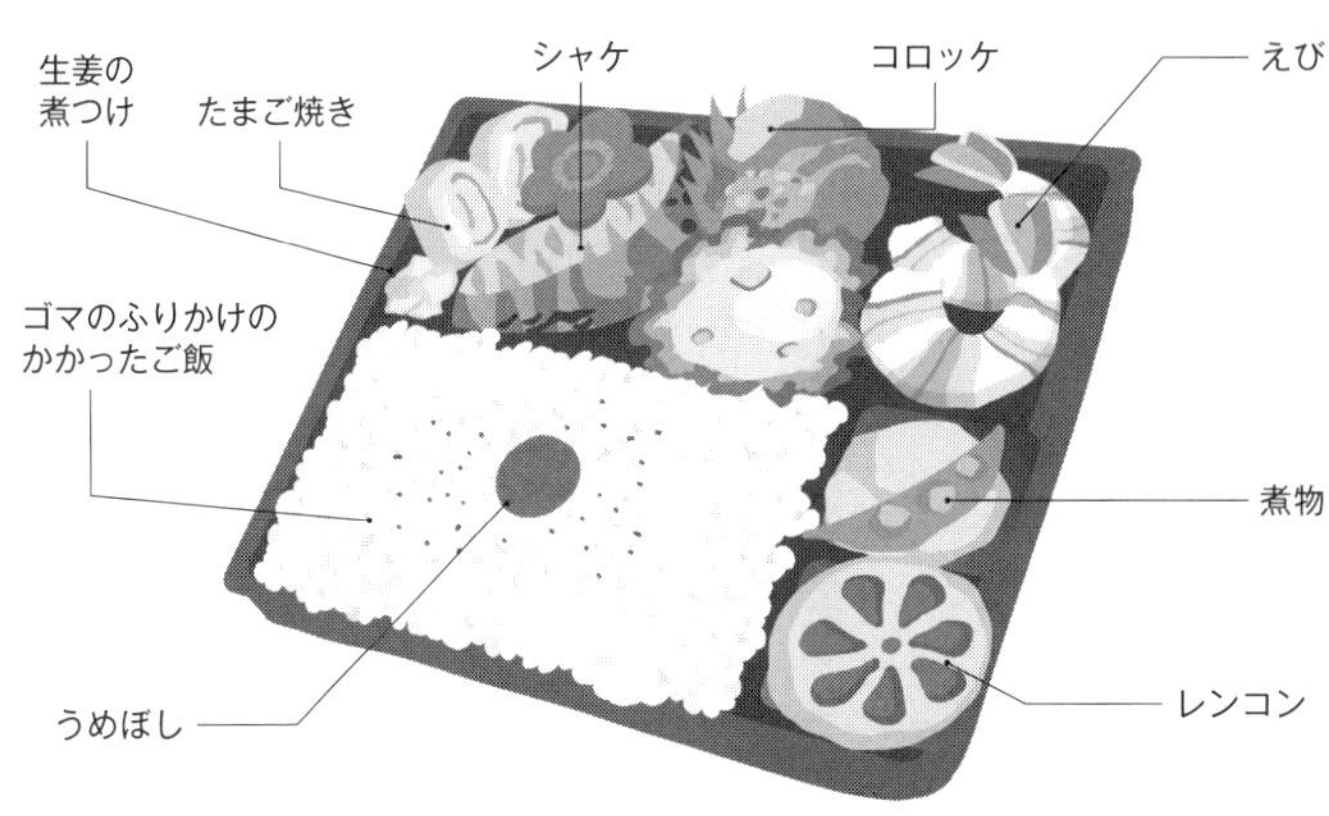

▲八方美人型の幕の内弁当。定番だが、特徴がなく、差別化できない。

ものを捨ててしまう。そこに勇気が必要なのです。**嫌われる勇気、捨てる勇気**です。

全員に好かれようとしないこと。八方美人、幕の内弁当、万人に好かれるというのはダメです。特徴がなくなるし、差別化できない。だから本当のファンができづらいのです。

「とりあえずやっておこう」

「一応、念のためこれもつけておこう」

「それと、ついでにこれもね」

という発想が、うまくいかなくなる典型的な例。

「とりあえず、一応、念のため、ついでに」はやめたほうがいい。それより、嫌われても尖っていたほうがコアなファンができます。勇気をもって試してみてください。

☑ カレーで世界一のココイチ

カレーハウスＣｏＣｏ壱番屋（通称ココイチ）は、カレーに特化してNo.１!!　店舗数世界一でギネスブックに認定されています。

２０１９年2月現在で、店舗数１４７７店、売上４７７億円、経常利益45億円、経常利益率９％、自己資本比率72％という優良企業です。

カレーだけに集中して名古屋一、日本一、そして世界一になる。ディス・イズ・ランチェスター戦略。

もしカレー以外に手を出していたら、世界一にはなっていなかったでしょう。特化して、絞って、捨てる勇気をもってカレーに一点集中した。だからこそ、成功したのです。

その一方で、１つの商品の中で幅を広げる。辛さに段階をつけたり、カツカレー、野菜カレー、魚介類のカレーなどメニューの幅を広げたり、お客様を飽きさせない工夫をし続けます。これが**狭く、深く、濃く**です。

☑ 経営理念と業績の関係

会社の**売上げ規模**と、**理念のあるなし**には、相関関係があります。実際、次のようなデータがあるのです。

❶売上げが２・５億円までの企業の中で、理念をもっているのは、47％

❷売上げが30億円以上の企業の中で、理念をもっているのは、76％

しかし、「経営理念を作れば業績が上がる」というものではありません。**社長が経営を思うレベルを上げることが**先です。経営理念のところで述べたように、理念にはレベルがあります。社長が思う強さによって、レベルは違います。

事業の目的意義が明確になり、判断基準がハッキリすれば、業績が上がるのです。経営理念を作ったから業績が上がるのではなく、**社長の理念が強くなると業績が上がる**。そして、結果的に「我が社には経営理念がある」と語れるようになるわけです。

☑ 論語と算盤とは、理念と戦略

二宮尊徳の言葉に、「道徳なき経済は犯罪であり、経済なき道徳は寝言である」というものがあります。同じことを、私は「**経営は戦略がなければやっていけない、理念がなければやる資格がない**」といっています。論語と算盤、つまり、理念と戦略とは経営の両輪なのです。どちらが欠けても上手くいかない。

「そうはいっても、経営理念はなかなか作れないんだよなぁ」という方も多いかもしれません。そういった方のために、経営理念を作るヒントを、もしひと言でいうならば、「**人として正しいことをする**」。これだけでいいかもしれません。

嘘をつくな、ズルをするな、努力をしろ、人のためになれ、といった非常にプリミティブな、人として生きる上での基本的な事柄を、経営理念としてあげておけば間違いはありません。かっこいい文言である必要はないのです。

経営というのは、つまるところ、人と人が行う行為ですから、「自分だけよければいい」「うまくやってやろう」という考え方で経営をしていたら、決してうまくいくわけがないのです。だから最後は、**「正直に生きる」**ことです。

あなたの会社は「正直者が馬鹿を見る」ような組織であってほしくないのです。あなたが最も尊敬する人に見られても、いつでも胸を張っていられるような組織であってほしいのです。「お天道様が見ている」と昔から言ってきたのが日本人ですから。

☑ 経営理念とは行動である

「経営理念とは行動、実行である」、そう思ってください。

理念、理念と念仏のように唱えているだけでは、まったく意味がありません。**経営理念とは、実際の行動に表れるもの**のです。たとえば、いつも時間を守る人は、「時間を守る」という経営理念を実現しています。逆に、いつも遅刻する人は、「時間を守らない」という経営理念を実現していること

になるのです。

その人が意識しているか、していないかにかかわらず、**その人の行動から他人は判断します**。したがって、わが社の経営理念は「誠実」だ、と100回言ったとしても、社長が遅刻ばかりしていたら、相手は誠実と思わないのです。「言っていることと、やっていることが違う」と判断され、信用を失います。たとえ、あなたに悪気がなくても、毎回遅刻をしていれば、「時間にルーズだ」と判断されます。好むと好まざるとにかかわらず、あなたの行動から相手は判断するわけです。

社員も顧客も取引先も、行動であなたを判断しているのです。「経営理念とは実行である」——その体現者が社長です。

☑ 利己と利他

「自分だけよければいい」というのが**利己**で、「**世のため人のため**」というのが**利他**です。

99%の人は、99%自分のことだけを思っています。それは仕方がない。しかし、経営をすることは社会性の追求であり、世のため人のためにやることなので、自分の発想を変えなければなりません。

これが、「**利己から利他へ**」です。

自分が作りたい商品を作り、自分が売りたいように売る。初めはそれでもいいかもしれません。しかし、経営を長く続け、多くの人に受け入れてもらうためには、お客様がほしい商品を、お客様がほしいように売っていく必要があるのです。

それが**マーケティング**です。つまり、マーケティングとは、「利己から利他へ」、**自己中心の発想からお客様中心の発想への転換**をすることなのです。

だから、難しく考えず、「相手が喜んでくれるだろうか?」と思うことが大切です。

私は昔、こう言われました。「坂上さん、あなた、『こうやればあの人が喜んでくれるかなぁ?』なんて考えたこと1回もないでしょ!?」

実際、当時の私は、1度もそんな思いをもったことがありませんでした。図星です。そして、「わっはっは」と高笑いされました。まったく否定できませんでした。

もしかしたらあなたも、これまでそう考えたことがないかもしれません。

でもいいんです。今日から、変わればいいだけですから。

そうするとあなたの人生が変わり、経営が、仕事が変わっていきます。

このことが、経営理念を作ることと、密接につながっています。

なぜなら、経営とは、社会性の追求をすることだからです。「世のため人のため」と思う、相手のことを思う、つまり、**利他の思いをもつ必要がある**からです。

☑ 10年続ける

「坂上さん、10年続けていることある?」

私が尊敬するある上場企業の社長から、昔、言われた言葉です。年に1度の献血なら20歳のときからやっていたのですが、毎日やっていることは思い当たらなかった……。

「やってごらんよ!　10年やればできるんだから」

そのとおりです。当たり前のことです。なので、その社長がやっていたように、毎日トイレ掃除をし、手書きの葉書を書くのを10年続けました。

「10年続ける」といっても、食べる寝る、だけでは犬猫と同じです。そうではなく、人のために何かをやる。利己ではなく利他の行動です。

誰でも時間は貴重、自分のためにだけ使いたい。

しかし、その貴重な時間を目の前の人、または誰かのために使う。その行動が自分の成長を促し、**自分自身の人格を上げること**に役立ちます。「まあいいや、今日はやめておこう……」という自分の怠け心に勝つトレーニングになるのです。

自宅のトイレ、会社のトイレ、レストランのトイレなど、自分、会社、社会と自分の行動の範囲を広げていく。すると、それに伴って、人格も広がっていくようです。

「面倒だなあ……」と思うかもしれません。でも、まず一歩。自分の家のトイレから、使ったら必ずきれいにする。それをやり始めることが大切だと思っています。

「**10年偉大なり、20年歴史なる、30年恐るべし、50年神の如し**」という中国の格言があります。まずは10年、続けてみてください。それだけで偉大です。

☑ No.1を目指すから謙虚になる

2020年1月1日、フェイスブックで、No.1への強い意志を感じる、読んでいて目頭が熱くなる文章を読みました。GMOインターネットグループ（合計114社、うち上場企業9社）の創業者・代表の熊谷正寿（くまがいまさとし）氏による、気持ちのこもった投稿です。GMOインターネットグループの男子陸上長距離チーム「GMOアスリーツ」がニューイヤー駅伝に初出場し、5位に入賞したことについての文章です。素晴らしい文章ですので、ご了解をいただき、そのまま紹介します。

【御礼とご報告】【所感、1番以外はドベ・ビリ・ドンケツの順位争いでしかない】

応援して頂いた皆様

本日は本当にありがとうございました。寒空の中、みなさまの熱いご声援で、選手も僕も大変に勇気付けられました。元旦から、またお休みにも関わらず応援頂き言葉で表せないぐらい感動しています。

56年間の人生で一番楽しみにしていたお正月でした。遠足に行く前日のようにワクワクして寝れませんでした。

応援団はバス60台で1040名。人数も熱量もナンバー1でした。選手達の潜在能力もナンバー1だと確信してます。結果は、残念ながら総合5位でした。

ニューイヤー駅伝「初出場で5位入賞」をご評価いただくお声も多数頂いております。しかしながら、まったく評価に値しないと思っております。

1番以外は皆負け組です。2位以下は、負け組の順番を争っているに過ぎません。優勝を称え、慰労するために現地へ参りましたが、慰労は出来ても、称える事が叶わず大変に悔しい思いをしております。

ただ、1つだけ救いがあります。それは、充分に1位を狙えるという確信が持てたことです。選手の組み合わせや、体調管理、作戦によっては必ず1位になれると監督、選手、マネージャー陣と話しました。

愛するこのチームと、GMOインターネットグループのパートナー達と力を合わせ、来年は必ず勝ってみせます。引き続きご声援をよろしくお願い申し上げます。

どの世界でも、小さな村や市や県でNo.1になると、傲慢になります。自分が一番で人がバカに見えてくる。

しかし、**日本一、そして世界一を目指した瞬間に、謙虚にならざるをえない**のだと思います。

「上には上がいる」と気づけば、自分の至らなさがわかります。一生かかっても登れない山を、はるか遠くに見る心境です。

小さなところからNo.1を目指し、実際にNo.1になれば、うれしいものです。誇りがもてます。仕事が楽しくなります。モチベーションが上がります。しかし、その道のりは決して楽なものではありません。なぜなら、No.1を目指すからです。No.1にはNo.1の考え方、生きざまがあります。楽をしていたらNo.1になれるわけがないからです。

ビジネスにおいては、No.1になることは大切です。しかし、**それだけが目的ではない**のです。

No.1になるプロセスで、**厳しい生き方をしなければならないこと**が、その人の成長につながり、謙虚さを身につけることになる。そのことに価値を見出してほしいのです。

COLUMN 04

ドラッカーは、ランチェスター戦略そのもの

「成果を上げるための秘訣を1つだけあげるならば、それは集中である。成果を上げる人は最も重要なことから始め、しかも1度に1つのことしかしない」

これはドラッカーの言葉です。ドラッカーの本を読むと、これこそランチェスター戦略そのものだ、という言葉に出会います。この言葉もその中の1つです。この言葉はつまり、**一点集中せよ、それが成果を上げる秘訣なのだ**といっているのです。

そして、最も重要なことから一点集中せよ、ほかの重要でないことはやらないこと、ということです。

さらに、1つのことに一点集中せよ、2つも3つも同時にするなといっています。つまり、どこに一点集中するか、どう一点集中するのかについていっているのです。

成果を上げる人は一点集中する。逆にいえば、一点集中する人が成果を上げるということです。機会に対して、意識を一点集中させることこそが成果を生むのです。

COLUMN 05

「～といえば○○」、地方再生もランチェスターで行こう！

地方再生の最も有効な手段の1つとして、ランチェスター戦略があります。

やり方は、ランチェスター戦略の真骨頂である**No.1戦略**。「～でNo.1」、つまり日本一となることです。つまり、「～といえばあの市」となるのです。

箱根といえば温泉。東京から近くて行きたい温泉地としてNo.1のようです。また、函館といえばイカ、香川といえばうどん、熊本といえば馬刺し、のように文化として地域に根差している食べ物でNo.1になるのもとてもいい。

そういった地域のNo.1をもっと磨いて、世界中から人が来るようにすれば、さらにいい。「カジノといえばラスベガス」のようになります。

あなた個人の体験からも考えてみてください。「せっかく行くならいいところにしよう、No.1にしよう」と思うものです。

アジアで18番目にいいホテルといわれてもパッとしません。やっぱり一流が選ばれるのです。だから、まずは、**日本一を目指して「～といえば○○」になる**ことです。日本一になったら世界一を目指す。「足す、引く、かける」で作った強みをピカピカに「磨く」。シンプルに「際立つ」ことです。そうすれば世界中から人が来てくれます。

エピローグ

戦略・理念・習慣で勝てる企業になる！

A small company can beat a big one.

2027年度
稲田和久ビジネススクール
懇親パーティー

ガヤ
ガヤ
ガヤ
ガヤ

お飲み物はいかがですか
──ああ
ありがとう
あれから数年──

フワッ
今日は毎年年末恒例の懇親パーティー
パッ
御大と話せる好機に
ちょっと緊張している――
…小さくてもNo.1企業を応援したい――
私はそう思っています
No.1企業というのはつきつめると
意図をもって丁寧な努力を積み重ねてきた企業のことです
コツコツとやってきた人
あるいは会社で行った努力の積み重ねは
他人には簡単に追い抜かれません
そうですNo.1になることは難しくない
一点集中でひとつのことに打ち込めば誰にでもなれます
原理原則に従って
心技体の経営をすればいいのです

戦略＋戦術
経営は戦略がなければやってはいけない
理念がなければやる資格がない
実践しなければ何も生まれない
心技体の経営とは
理念ある戦略の実践です
いい会社を作ってください
社員を幸せにし
多くの人に役立ち喜ばれ
感謝されるいい会社を作りましょう
信頼され尊敬され誇りをもって生きる
利他の心で恩に報い
自己の使命をまっとうする
あなたの最愛の人に胸を張って語れる仕事をしてほしいのです

稲田塾ビジネススクール懇親会
パチ
パチ
パチ
パチ
パチ
パチ
パチ
パチ
パチ
パチ
コツ
コッ
あれ…
——さて
宴もたけなわになってきました
しばらくご歓談ください
竹永さん!?
——おお
あなたが佐藤さんでしたか
孫の利奈がお世話になりました
わがままにおつきあいいただいたそうで…
いえ!とんでもない!
じゃあさっきの女性はやっぱり…!
お久しぶりです
株式会社ユーネッ
取締役社長
佐藤翼

佐藤社長
竹永さん…!
メガネがなくてもすぐわかったよ
元気そうでよかった
佐藤社長もお変わりなくて嬉しいです
今はどんな会社を——
ストラテジーマーケット株式
CEO
竹永利奈
TEL
…って
ストラマ!?
えええ!?
斬新な戦略で業界に旋風を巻き起こし
Imazonや楽市に迫る通販サイト!!
君が立ち上げたんだ!
うわーうわーっ
はい
やっとなんとか形になりました
でも資本金は出してもらっちゃったんですけど
ははは
そっか

――あれから
なかなか
ご連絡できず
お待たせして
すみません
でした
え？
"おまたせ
して"
??
ユーネットと
Win-Winの
関係を築くって！
あ！
ひどい！
覚えてない
んですか？
あのときの
約束！
――そうだったね
ありがとう
これからも
よろしく
お願いします
ポピンズ先生！
60°
やめて
くださいよ～
――でも
ええ！
こちらこそ！

心（理念）・技（戦略）・体（実践）の経営

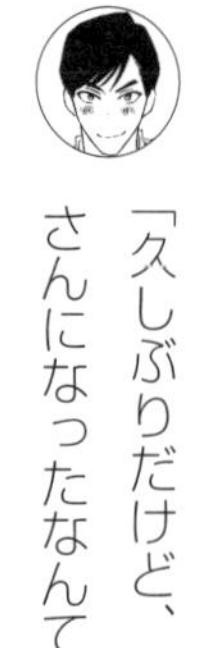

「久しぶりだけど、ＩＴ企業の社長さんになったなんて、すごいね」

「まだまだ小さな会社です。だから、『小が大に勝てる方法』、継続中です」

「稲田さんが言っていた、理念ある戦略の実践だね」

「ええ。心技体の経営。それは、ランチェスター戦略の、差別化・一点集中・No.1主義の実践です！」

「おお！ 絶好調だね。変わらないな、あなたは」

「え!? そうですか？ でも懐かしい。今の私があるのも、すべて社長のおかげです！」

「はは……ありがとう。ともに、いい会社を作っていこう!!」

☑ 2つの価値観について

「ホメろ！　楽しめ！　感謝しろ！」
「時を守り、場を清め、礼を正す」

社会人になる子どもとの勉強会を週1回、30回ほどやりました。そのときに話したのが、この2つの価値観です。

1つ目は自分に対してのもの。2つ目は相手に対して、社会に対してのものです。

私の遺言のようなものです。これは一生役に立つ言葉だと思っています。

《「ホメろ！　楽しめ！　感謝しろ！」》

私はこの言葉が大好きです。毎日を生き

る糧にしています。毎日、唱えています。

「ホメろ！」とは、**自分自身を褒めること**。そして、**人を褒めること**。

「よくやっているなぁ」と自分を褒めること。この自己肯定感が、セルフイメージを高めます。だから、素直に人を褒められるようになる。毎日「自分はダメだ」と言っている人と、毎日「自分はよくやっている！」と思う人とでは、雲泥の差になっていきます。

「楽しめ！」とは、**毎日やることを楽しむこと**。

仕事を楽しむ、食事を楽しむ、人との出会いを楽しむ。

さらに、困難や試練も楽しむようにする。難しいことですけど……。

「感謝しろ！」とは、**当たり前のことに感謝をすること**。

戦争がないこと、息が吸えること、食事が食べられること、歩けること、目が見えること、仕事があること、こうして生きていることに感謝をする。

「毎日、よくやっているなぁ、楽しいなぁ、ありがたいなぁ」と唱えるようにしています。

自分自身に対して、いつも語りかける。これだけで人生が変わると思っています。

つらいとき、苦しいときほど、「ホメろ！　楽しめ！　感謝しろ！」――これも1つの価値観です。

《「時を守り、場を清め、礼を正す」》

これは、日本の教育界の偉人、森信三（もりのぶぞう）先生の名言です。

職場再建の三大原則といわれ、どんな職場でもこれをやればよくなるというものです。

基本はまずトップから、社長から。そして、社会人全員にいえること。

「時を守り、場を清め、礼を正す」は、**人からの信頼を得るための三大原則**ともいえます。

具体的には、

❶人と会うときには、５分前に着席。

❷使った場所は、使う前よりも綺麗にする。

❸「おはようございます」「ありがとうございます」など、挨拶をきちんとする。「朝の挨拶、人より先に」を守る。

社会人の基礎は、これができるだけで十分です。日本全国に２４６万社ある中小企業の経営理念すべてに、そして、日本中の学校すべてに入れてほしい言葉です。

☑「ランチェスターで生きる！」

他人と同じ人生など、生きなくてもいいと思います。**自分の人生を生きる**、それが大切です。自分には自分に与えられた道がある。その道を歩くことです。

ほかの誰も歩けない自分だけの道を歩き、「これでいいのだろうか」と誰でも迷います。それでも、自分の道を歩く。これこそランチェスターです。

以前の私は、他人の歩く道がよく見えることばかりでした。決して順風満帆ではない、裏道を歩くような人生。

そんな道を歩いてきたからこそ、ランチェスター戦略が好きになったのかもしれません。弱者でも勝てる、こんな自分でもやっていける、そんな自信をもらった気がします。

地べたを這いずり回り、泥水をすするようなキツイ毎日の中で、努力をし、工夫をして、自分らしさを見つけ続けた。人と違うところを伸ばす努力を続けた。これがよかったのかもしれません。

ある領域に一点集中をして時間や経営資源を注ぎ込む。そうすることでNo.1になれるわけです。

「私は私、いまのままでいい、オンリーワン」という逃げるような考え方ではなく、壁にぶつかりながらも努力する。迷いながらも勇気をもって、人と違うことをやっていく。そこから、自己肯定感が生まれます。

ランチェスターは勝ち方のルールです。そして、さらに、**生き方のルール**であると思います。

差別化をし、一点集中をし、努力をして、No.1になる。豊かな人生をおくる、人生の勝者になる。そのヒントはランチェスター戦略にあります。

No.1 を積み重ねよ

▲小さな No.1 を 1 つずつ確実に積み重ねていけば、必ず大きな No.1 を得ることができる。より大きな No.1 を目指して努力することで、人生は豊かになる。

一流でNo.1は美しい。我々がオリンピックに感動するのは、一流でNo.1だからです。たとえ敗れても、努力をする姿が美しい。

楽してうまくやる人生や、楽して儲ける経営ではいけないのではないかと思います。「**快楽に負ける姿は醜いが、苦痛と戦う姿は美しい**」と思います。

たとえ小さな会社であっても努力をして小さなNo.1になり、日本一になり、世界一になる。それを目指して努力をし続けてほしいと思います。

人の役に立ち、喜ばれ、感謝される、素晴らしい経営をされてください。

頑張りましょう！　応援しています。

◆プロフィール

【著者】

坂上 仁志（さかうえ・ひとし）

株式会社フォスターワン代表取締役社長。講演家。経営コンサルタント。早稲田大学講師（2011年）。一流でNo.1になるための理念とランチェスター戦略の専門家。

一橋大学卒、新日鉄、リクルートなどに勤務後、起業。講演・研修は10年で1000回以上、評価95.4点、100%全額返金保証を15年以上続けている。

日本を代表する１兆円企業の幹部研修を５年継続。業績改善は500億円以上。

１万人の社長と面談（上場企業の社長だけで累計1000人以上）し、1000社のNo.1企業を取材・研究。

著書に『ランチェスターNo.1理論』『経営理念の考え方・つくり方』など。


この本についての感想やご意見、質問などがあったらお気軽に送ってください。

100%全部、全力で必ず目を通します。

できるだけ返信もします。楽しみにしています！

ホームページ 「フォスターワン」 検索
メールアドレス sakauejj@gmail.com

【作画】

ひげ羽扇（ひげうせん）

2008年デビュー。雑誌連載、Web連載等を経て、2016年、実用ジャンルでの活動を開始。作画を担当した書籍は、『社長の節税と資産づくりがこれ１冊でわかる本』『マンガでやさしくわかる敏感すぎるあなたがラクになる方法』など多数。

◆編集・シナリオ制作・デザイン

ユニバーサル・パブリシング株式会社

◆取材協力

株式会社アイネット

まんがでわかる　ランチェスター理論を経営・営業に活かす方法
差別化戦略で小が大に勝てる

2020年3月20日　第1刷発行
2024年2月26日　第2刷発行

著　　　者　坂上仁志
まんが・カバー画　ひげ羽扇
発　行　者　江尻　良
発　行　所　株式会社ウェッジ
〒101-0052　東京都千代田区神田小川町一丁目3番地1
NBF小川町ビルディング　3階
電話：03-5280-0528　FAX：03-5217-2661
http://www.wedge.co.jp/　振替 00160-2-410636
編集・デザイン　ユニバーサル・パブリシング株式会社
印刷・製本所　株式会社シナノ

＊定価はカバーに表示してあります。　ISBN978-4-86310-226-2　C0034